동화로 키우는

문해력 어휘력 발달 프로젝트

음원 재생

초등문해력교사연구회는 현직 초등학교 교사로 구성된 연구 단체입니다.
초등생들의 지적 발달을 이끌고, 학습 능력을 키우는 데 바탕이 되는 문해력을 연구합니다.

문해력 어휘력 발달 프로젝트

문어 1 배려 편

초등문해력교사연구회 **지음** | 박영 **그림**

펴낸날 2023년 9월 6일
펴낸이 김주한 | **책임편집** 한소영 | **책임마케팅** 김민석 | **책임홍보** 옥정연
디자인 아빠해마 김승우 | **인쇄** 이룸프레스
펴낸곳 픽 | **출판등록** 제406-251002015000039호
제조국 대한민국 | **사용연령** 8세 이상
주소 (10881) 경기도 파주시 회동길 471(문발동) 몽스패밀리Bd. 301호·302호

ISBN 979-11-92182-73-5 64710
ISBN 979-11-92182-72-8 64710(세트)

Peak을 향한 Pick_픽은 <잇츠북>의 학습·교양서 브랜드입니다.

동화로 키우는

문해력 어휘력 발달 프로젝트

배려 편

초등문해력교사연구회 지음 | 박영 그림

픽

머리말

문해력을 키우기 위한 선택

요즘 초등학생 자녀를 둔 부모님이라면 문해력에 대해 고민해 본 적이 있을 것입니다. 또한 시중에 나와 있는 도서 중 어떤 것이 자녀의 문해력을 기르는 데 도움이 될지 살펴보기도 했을 것입니다. 원하는 책을 쉽게 찾을 수 있었나요? 그리고 실제로 도움이 되었나요?

문해력에 관련된 수많은 책이 쏟아져 나왔고, 이 순간에도 출판되고 있습니다. 어떤 책을 선택하든 학생이 성실하게 꾸준히 활용한다면 효과는 있을 것입니다.

하지만 여기서 한번쯤 고민하고 점검해 볼 사항이 있습니다. 아이들이 즐겁게 활동하는지, 효율성은 높은지, 자기 주도적으로 학습할 수 있게 설계되었는지, 책 읽기에 흥미가 높아지는지 등을 말이에요.

배움의 기본이 되는 문해력

문해력에 관련된 책들이 쏟아져 나오는 이유는 무엇일까요? 그만큼 문해력이 아이들의 배움과 직결되기 때문이 아닐까 합니다.

사람의 두뇌는 몰입해서 학습할 때, 깊이 있고 지속적인 배움이 일어납니다. 문해력은 그러한 배움의 기본이 되는 힘이라는 점에서 매우 중요합니다. 기초가 튼튼하지 않으면 작은 균열에도 무너질 수 있기 때문이지요. 『아기 돼지 삼 형제』 이야기를 떠올려 보세요. 기초 재료부터 튼튼해야 어떤 상황에서도 흔들리지 않는 힘이 생깁니다.

유창하게 읽고 쓰는 능력이 다소 부족한 학생들에게는 딱딱하게 지식을 전달하기보다는 흥미 있고 수준에 알맞은 내용의 읽기와 쓰기로 즐거움을 느끼게 해 주는 것이 중요합니다. 부담 없는 분량으로 하루하루 꾸준히 활동하다 보면 문해력은 선물처럼 따라오게 되는 것이지요. 여기서 한 발 나아가 아이가 책 읽기를 즐기게 된다면 지식의 습득 차원을 넘어 마음이 건강한 아이로 성장하게 될 것입니다.

『문어』 특장점

혼자서 책 읽기를 시작하는 학생들이 재미있게 몰입하며 문해력을 기르게 하는 것이 『문어』의 기본 목표입니다. 교재의 학습량이 많거나 본문 내용이 딱딱하면 학생들은 부담감을 느낍니다. 이러한 부담감은 몰입의 힘과 학습 동기를 떨어뜨리게 되지요. 『문어』는 이 지점에 큰 강점을 지니고 있습니다.

- 공신력 있는 여러 기관, 도서관 등의 추천을 받아 이미 검증된 동화책의 내용을 교재 본문에 활용하여 수준 높은 문학성과 읽기의 재미를 느끼게 합니다.
- 현직 교사들로 구성된 전문 집필진이 학생 수준에 딱 맞는, 부담되지 않는 양의 활동으로 교재를 구성해 학습 몰입도를 최대한 높입니다.
- 교과 성취 기준 제시를 통해 학교 공부에 직접적인 도움을 주므로 아이의 학교 생활에 즐거움을 선물하고 자신감을 쑥쑥 올려 줍니다.
- 동화 본문에 나오는 단어를 그림과 함께 익히고, 따라 쓰고, 간단한 문장으로 만드는 활동을 통해 낱말의 의미를 입체적으로 이해하도록 구성하였습니다. 낱말의 뜻을 상황 속에서 이해하고 문장 만들기 활동으로 발전시키다 보면 보다 높은 학습 효과를 얻을 수 있습니다.
- 일주일마다 한 주간 익힌 낱말들을 즐겁게 복습할 수 있도록 재미있는 놀이 활동을 준비했습니다. 반복 학습을 통한 복습은 학생들이 습득한 문해력을 더욱 발전시켜 줄 것입니다.

응원의 한마디

행복한 배움은 행복한 세상을 만드는 좋은 거름입니다.
재미있게 익힌 문해력이 여러분의 미래를 즐겁고 행복하게 만드는 데 도움이 되기를 바라고 힘껏 응원합니다.

똑똑한『문어』활용법

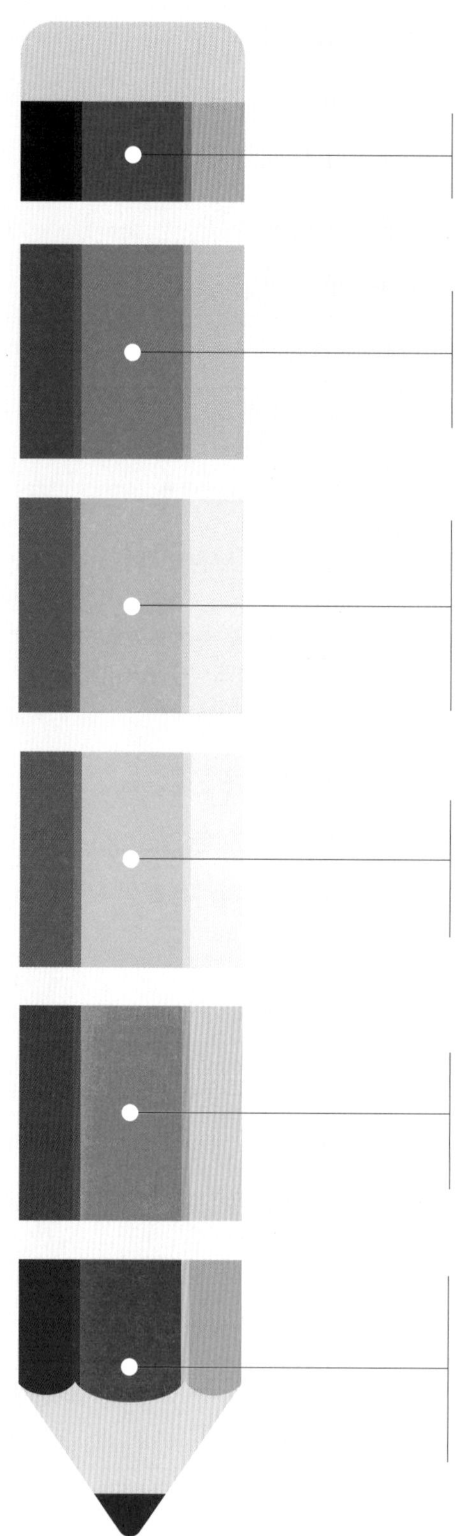

월, 화, 수, 목, 금 5일 동안 부담되지 않을 분량의 학습을 하며 문해력을 키웁니다.

QR코드를 통해 음성 파일을 제공합니다. 성우가 정확한 발음으로 읽어 주는 **<오늘의 이야기>**를 잘 듣고 따라 읽으면 읽고 쓰기뿐만 아니라 말하기에 도움이 됩니다.

눈으로 읽고, 따라 읽고, 혼자서 읽는 과정을 <읽기 쏙쏙>에서 스스로 체크하며 학습 성취도를 높입니다. <오늘의 이야기>를 제대로 이해했는지 <내용 쏙쏙>에서 문제를 해결하며 확인합니다.

친근한 문어 캐릭터가 낱말의 정확한 뜻을 전달하여 이해력을 확장시킵니다. **<낱말 쏙쏙>**에서 낱말을 따라 쓰고 또박또박 읽으며 학습 낱말을 집중적으로 연습합니다.

<생활 쏙쏙>에서는 앞에서 읽고 쓰며 배운 낱말과 연관성이 높은 생활 속 낱말을 만화, 미로찾기, 속담 등과 같이 흥미로운 활동으로 익혀 학습 몰입도를 높입니다.

주말에 <복습 마당>의 놀이 활동을 통해 일주일간 배운 내용을 확인합니다. 복습 활동으로 QR코드를 통해 성우가 말하는 낱말을 잘 듣고 혼자 써 보는 **<오늘의 받아쓰기>**가 있지만, 한글 해득이 충분히 되지 않은 경우라면 활동을 생략하거나 책 한 권이 끝날 때까지 늦춰도 괜찮습니다.

문제를 풀며 읽기 내용을 제대로 이해했는지 확인합니다.

QR 코드 실행

<오늘의 이야기> 음성 파일을 제공하여 올바른 읽기 능력과 집중력을 향상시킵니다.

<눈으로 읽기→따라 읽기→혼자 읽기> 과정을 통해 읽기 연습 과정을 체크하며 자기 주도 학습 능력을 기릅니다.

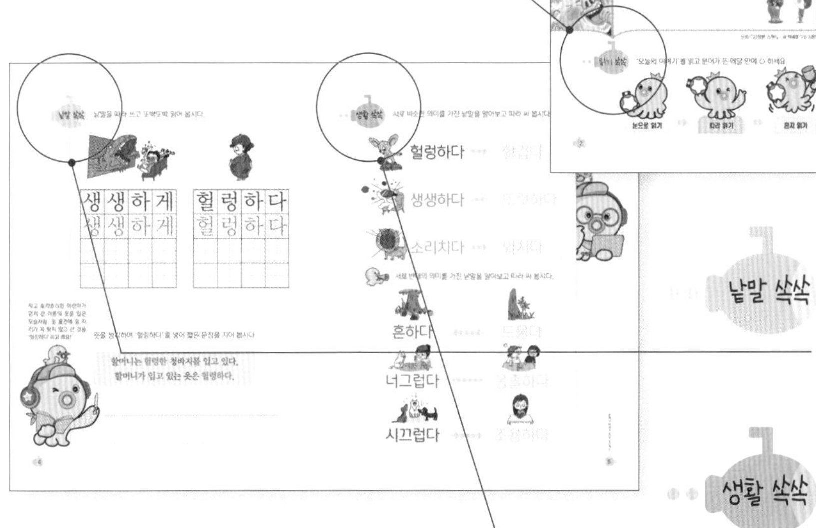

낱말 쏙쏙

낱말을 또박또박 읽고 따라 쓰면서 맞춤법을 익히고, 학습한 낱말을 넣어 짧은 문장 짓기를 하며 문장 감각과 창의력을 키웁니다.

생활 쏙쏙

미로찾기, 만화, 반대말, 유사어, 속담, 헷갈리는 맞춤법 등의 다양한 활동을 통해 생활 속에서 유용하게 쓰일 언어 감각과 사고력을 키웁니다.

QR 코드 실행

<오늘의 받아쓰기> 음성 파일을 제공하여 쓰기 능력을 확인합니다.

끝말잇기, 다섯고개, 같은 말로 이어 말하기, 첫말 잇기 등의 다양한 활동으로 낱말을 유추하고 활용하는 능력을 기릅니다.

5일 동안 열심히 배운 낱말들을 잘 듣고 받아쓰며 복습해 확실히 기억합니다.

낱말 퍼즐, 땅따먹기, 십자말풀이 등의 놀이 활동으로 흥미와 학습 자신감을 키웁니다.

학습 진도표

일 차	학습 낱말	오늘의 이야기	교과 성취 기준	학습 체크
1	생생하게 헐렁하다	내 짝궁 마귀할멈	1학년 | 글자, 단어, 문장 짧은 글을 정확하게 소리 내어 읽는다. 2학년 | 글자와 단어를 바르게 쓴다.	☐
2	똑같이(은) 꼬부랑 할머니	래퍼 할머니	2학년 | 읽기에 흥미를 갖고 즐겨 읽는 태도를 지닌다. 2학년 | 말놀이, 낭송 등을 통해 말의 재미와 즐거움을 느낀다.	☐
3	마침내 엉겁결에	야, 빨리 물 내려!	2학년 | 글자와 단어를 바르게 쓴다. 2학년 | 의미가 잘 드러나도록 문장과 짧은 글을 알맞게 띄어 읽는다.	☐
4	머뭇거리다 입을 떼다	시들지 않은 화분	2학년 | 인물의 마음이나 생각을 짐작하고 이를 자신과 비교하며 글을 읽는다. 2학년 | 읽기에 흥미를 갖고 즐겨 읽는 태도를 지닌다.	☐
5	와드득 달콤하다	마음에도 맛이 있다면	1학년 | 시나 노래, 이야기에 흥미를 갖는다. 2학년 | 글자와 단어를 바르게 쓴다.	☐
복습 마당 1	달콤하다, 똑같이, 마침내, 입을 떼다, 헐렁하다		2학년 | 글자와 단어를 바르게 쓴다. 2학년 | 말놀이, 낭송 등을 통해 말의 재미와 즐거움을 느낀다.	☐
6	착착 깨끗하다	사물함 정리의 달인	2학년 | 글자와 단어를 바르게 쓴다. 2학년 | 쓰기에 흥미를 갖고 자기의 생각이나 느낌을 문장으로 표현한다.	☐
7	금세 갈팡질팡	무엇을 먹을까?	1학년 | 작품을 듣거나 읽으면서 느끼거나 생각한 점을 말한다. 2학년 | 글을 읽고 중심 내용을 확인한다.	☐
8	낯설다 악몽	나는 도둑이 아니야!	2학년 | 의미가 잘 드러나도록 문장과 짧은 글을 알맞게 띄어 읽는다. 3학년 | 인물과 이야기의 흐름을 중심으로 작품을 감상한다.	☐
9	수집 기막히다	레오의 기막힌 생각	2학년 | 글을 읽고 중심 내용을 확인한다. 3학년 | 글의 의미를 파악하며 유창하게 글을 읽는다.	☐
10	단짝 힐긋	나도 단짝이 있으면 좋겠어	2학년 | 읽기에 흥미를 갖고 즐겨 읽는 태도를 지닌다. 3학년 | 바람직한 읽기 습관을 형성하고 읽기에 대한 자신감을 기른다.	☐
복습 마당 2	깨끗하다, 금세, 악몽, 수집, 힐긋		2학년 | 한글 자모의 이름값과 소릿값을 알고 정확하게 발음하고 쓴다. 2학년 | 글자와 단어를 바르게 쓴다.	☐

일 차	학습 낱말	오늘의 이야기	교과 성취 기준	학습 체크
11	공중 어안이 벙벙하다	고양이를 구한 소년	1학년 | 작품을 듣거나 읽으면서 느끼거나 생각한 점을 말한다. 2학년 | 글을 읽고 중심 내용을 확인한다.	☐
12	화들짝 눈치가 없다	어떻게 알았어?	2학년 | 읽기에 흥미를 갖고 즐겨 읽는 태도를 지닌다. 2학년 | 주변 소재에 대해 소개하는 글을 쓴다.	☐
13	당연하다 쓸모	얼마나 쓸모가 많은데요!	2학년 | 한글 자모의 이름값과 소릿값을 알고 정확하게 발음하고 쓴다. 2학년 | 인물과 이야기의 흐름을 중심으로 작품을 감상한다.	☐
14	말총머리 토라지다	장난으로 그랬어!	2학년 | 글을 읽고 중심 내용을 확인한다. 3학년 | 바람직한 읽기 습관을 형성하고 읽기에 대한 자신감을 기른다.	☐
15	반성문 베끼다	베껴 쓴 반성문	3학년 | 글의 의미를 파악하며 유창하게 글을 읽는다. 4학년 | 목적과 주제를 고려하여 독자에게 마음을 전하는 글을 쓴다.	☐
복습 마당 3	공중, 눈치가 없다, 당연하다, 토라지다, 반성문		2학년 | 글자와 단어를 바르게 쓴다. 2학년 | 말놀이, 낭송 등을 통해 말의 재미와 즐거움을 느낀다.	☐
16	풀이 죽다 곰곰이	찬우야, 나 어떡해	2학년 | 글자와 단어를 바르게 쓴다. 2학년 | 인물의 마음이나 생각을 짐작하고 이를 자신과 비교하며 글을 읽는다.	☐
17	꺼끌꺼끌 잔소리	엄마 때문에 체할 것 같아	2학년 | 작품을 듣거나 읽으면서 느끼거나 생각한 점을 말한다. 2학년 | 주변 소재에 대해 소개하는 글을 쓴다.	☐
18	덧새 눈곱	길 잃은 강아지	2학년 | 소리와 표기가 다를 수 있음을 알고 단어를 바르게 읽고 쓴다. 3학년 | 인물과 이야기의 흐름을 중심으로 작품을 감상한다.	☐
19	부딪히다 불법	아빠가 왜 그랬는지 알겠어	2학년 | 글을 읽고 중심 내용을 확인한다. 4학년 | 단어와 단어 간의 의미 관계를 파악한다.	☐
20	미간 분노	감정 구슬	2학년 | 읽기에 흥미를 갖고 즐겨 읽는 태도를 지닌다. 3학년 | 바람직한 읽기 습관을 형성하고 읽기에 대한 자신감을 기른다.	☐
복습 마당 4	곰곰이, 잔소리, 눈곱, 부딪히다, 분노		2학년 | 말놀이, 낭송 등을 통해 말의 재미와 즐거움을 느낀다. 2학년 | 한글 자모의 이름값과 소릿값을 알고 정확하게 발음하고 쓴다.	☐

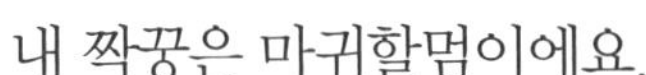

내 짝꿍 마귀할멈

#소통 #이해 #선입견

내 짝꿍은 마귀할멈이에요.

진짜예요! 지금도 내 옆에 앉아 기분 나쁜 주문을 술술술 외우고 있는걸요.

마귀할멈을 처음 만난 날이 아직도 생생하게 떠올라요. 작년 입학식 날이었지요. 운동장에 서서 입학식이 시작되기를 기다리는데 누군가 교문을 들어서며 크게 소리쳤어요.

"워매, 워매, 이게 웬일이랴? 이 김점분이가 핵교에도 다 댕기고! 하늘에 계신 울 엄니 오늘 눈물 한 바가지 쏙 뽑겄네, 호호호홍."

웬 할머니가 커다란 책가방을 메고 교문으로 들어서고 있었어요. 헐렁한 청바지에 꽃무늬 티셔츠를 입고서요.

운동장에 있던 사람들이 모두 할머니를 쳐다봤어요.

"저 할머니 결국 입학하셨네."

엄마가 할머니를 보고 말했어요.

동화 『김점분 스웩!』 | 글 백혜영 그림 심윤정

읽기 쏙쏙 '오늘의 이야기'를 읽고 문어가 든 메달 안에 ○ 하세요.

눈으로 읽기

따라 읽기

혼자 읽기

내용 쏙쏙 읽은 내용을 떠올리며 문제를 해결해 봅시다.

'생생하게'는 어떤 장면이 나 사물을 본 기억이 마치 눈앞에 보이는 것처럼 또렷하고 분명한 것을 뜻해요!

1 글에 나오는 마귀할멈은 누구인가요? ( )

① 엄마 ② 김점분 할머니 ③ 친구의 할머니

2 다음 사투리를 표준말로 고쳐 쓰세요.

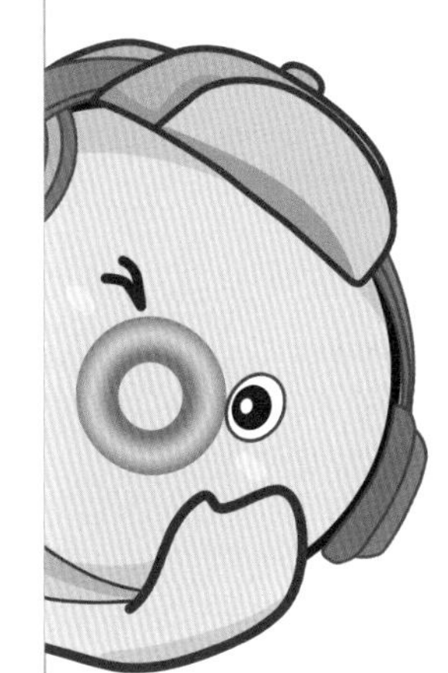

3 김점분 할머니가 학교에 입고 온 복장으로 알맞은 것을 골라 ○ 하세요.

낱말 쏙쏙 낱말을 따라 쓰고 또박또박 읽어 봅시다.

헐렁하다
헐렁하다

작고 호리호리한 어린이가 덩치 큰 어른의 옷을 입은 모습처럼, 낄 물건에 낄 자리가 꼭 맞지 않고 큰 것을 '헐렁하다'라고 해요!

뜻을 생각하며 '헐렁하다'를 넣어 짧은 문장을 지어 봅시다.

할머니는 헐렁한 청바지를 입고 있다.
할머니가 입고 있는 옷은 헐렁하다.

생활 쏙쏙 서로 비슷한 의미를 가진 낱말을 알아보고 따라 써 봅시다.

헐렁하다 → 헐겁다

생생하다 → 또렷하다

소리치다 → 외치다

서로 반대의 의미를 가진 낱말을 알아보고 따라 써 봅시다.

흔하다 ↔ 드물다

너그럽다 ↔ 옹졸하다

시끄럽다 ↔ 조용하다

2 일차 ___ 월 ___ 일

오늘의 이야기

래퍼 할머니

#소통 #이해 #선입견

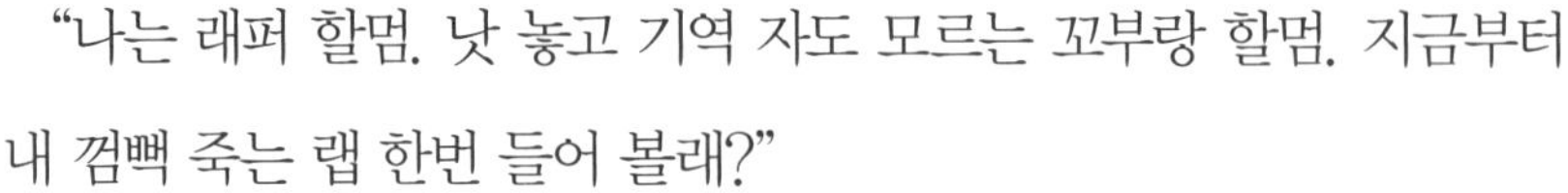

"나는 래퍼 할멈. 낫 놓고 기역 자도 모르는 꼬부랑 할멈. 지금부터 내 껌뻑 죽는 랩 한번 들어 볼래?"

얼굴에 철판 깔고 학교에 왔네.
꼬부랑 할머니 신기하다 쳐다보네.
나도 니들과 똑같은 산내 초교 학생.
나도 니들과 똑같은 배우고픈 아이.

어때, 나의 랩 실력! 껌뻑 죽는 내 실력!

욕심 많은 할멈이라 욕해도 좋네.
눈치 없는 할멈이라 손가락질해도
아이 돈 케어(상관없네).
내가 지금 있어야 할 곳은 바로 이곳.
함께하는 기쁨 알게 해 준 바로 이곳.

어때, 나의 랩 실력! 껌뻑 죽는 내 실력!

동화 『김점분 스웩!』 | 글 백혜영 그림 심윤정

읽기 쏙쏙 '오늘의 이야기'를 읽고 문어가 든 메달 안에 ○ 하세요.

눈으로 읽기

따라 읽기

혼자 읽기

내용 쏙쏙 읽은 내용을 떠올리며 문제를 해결해 봅시다.

'꼬부랑 할머니'는 등이나 허리가 매우 굽은 할머니를 뜻해요!

1 래퍼 할머니가 다니는 학교 이름은 무엇인가요?

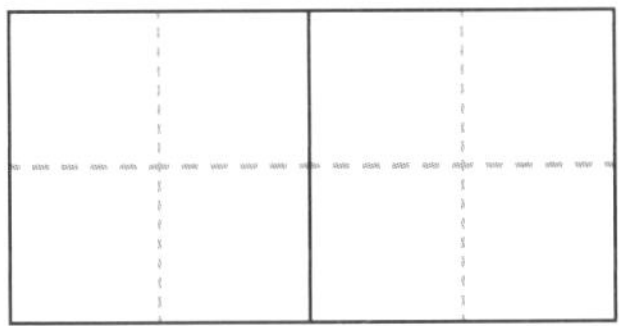

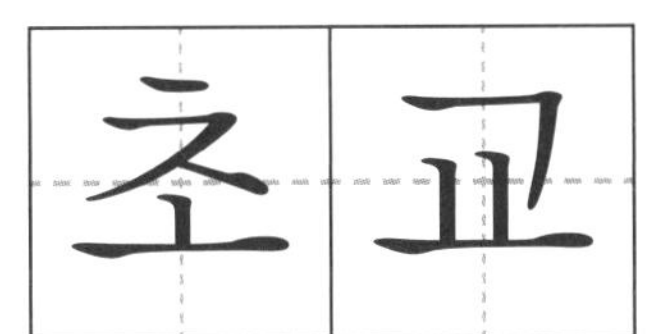

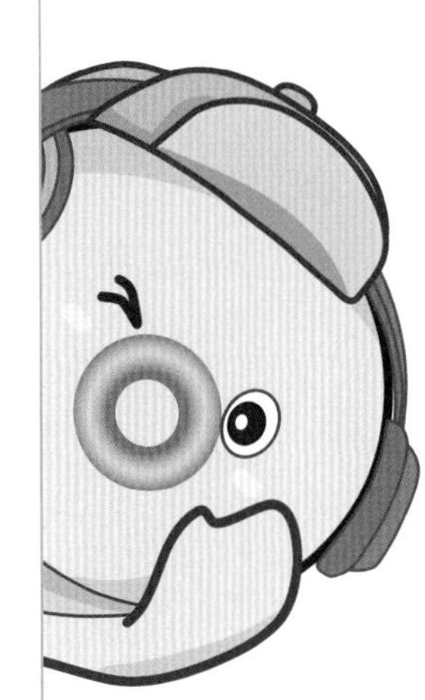

2 가사 중 래퍼 할머니의 입말체로 표현되어 맞춤법에 안 맞는 부분을 바르게 고쳐 쓰세요.

나도 니들과 똑같은 배우고픈 아이

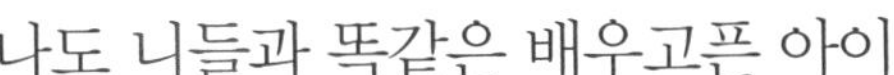

나도 (   )과 똑같은 배우고픈 아이

3 멋진 랩을 들려준 래퍼 할머니께 내 마음을 표현하는 쪽지를 남겨 주세요.

낱말 쏙쏙

낱말을 따라 쓰고 또박또박 읽어 봅시다.

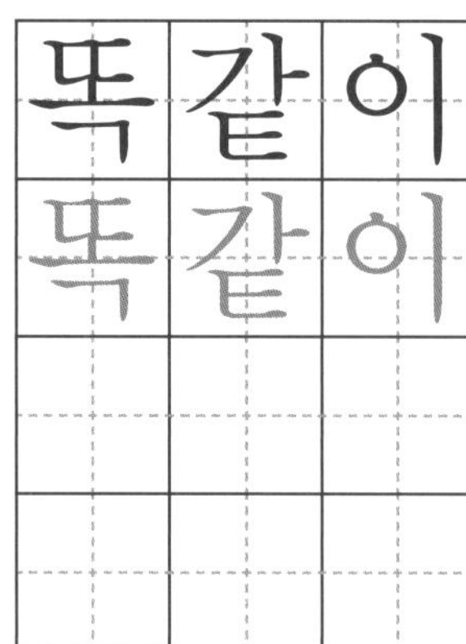

똑같이

똑같이

꼬부랑 할머니

꼬부랑 할머니

'똑같이'는 조금도 다름없이 같은 상태를 뜻해요!

뜻을 생각하며 '똑같이(똑같은)'를 넣어 짧은 문장을 지어 봅시다.

나도 너와 똑같은 학생이다.

나와 동생은 쌍둥이라 똑같이 생겼다.

생활 쏙쏙 래퍼 할머니 이야기 속에 있는 속담을 살펴보고 다른 속담에 대해 더 알아봅시다.

낫 놓고 기역 자도 모른다.

기역 자 모양으로 생긴 낫을 놓고도 기역 자를 모른다는 의미로, 어떤 사람이 글자를 모르거나 아주 무식하다는 것을 비유적으로 표현한 속담이에요.

가는 말이 고와야 오는 말이 곱다.

다른 사람에게 말이나 행동을 좋게 해야 자기도 좋은 대우를 받는다는 의미를 가진 속담이에요.

바늘 도둑이 소도둑 된다.

아무리 작은 나쁜 일이라도 자꾸 하다가 버릇이 되어 버리면 나중에 아주 큰 죄를 저지르게 된다는 의미의 속담이에요.

3 일차 월 일

야, 빨리 물 내려!

#친구 사귀기 #소원

뿡! 뿡! 뿡!

걸을 때마다 방귀가 나왔어요.

수동이는 정신없이 화장실로 달려갔어요. 주르륵 뿌지직! 팬티를 내리자 참았던 똥 덩어리가 후드득 쏟아졌어요. 부글부글하던 배 속이 마침내 편안해졌어요.

"어휴, 똥 냄새! 아침부터 누가 똥 싸는 거야?"

"웩! 냄새 때문에 쓰러질 것 같아."

밖에서 아이들이 킁킁거렸어요. 수동이는 자기가 맡아도 냄새가 너무 심해서 아이들에게 좀 미안했어요.

"야, 빨리 물 내려!"

누군가 화장실 문을 툭툭 차면서 외쳤어요. 깜짝 놀란 수동이는 엉겁결에 물 내리는 버튼을 눌러 버렸어요.

"쏴!"

동화『똥꿈 삽니다』| 글 전은희 그림 조히

읽기 쏙쏙 '오늘의 이야기'를 읽고 문어가 든 메달 안에 ○ 하세요.

눈으로 읽기

따라 읽기

혼자 읽기

내용 쏙쏙

읽은 내용을 떠올리며 문제를 해결해 봅시다.

'**마침내**'는 어떤 일이 흘러가고 드디어 마지막에 이른 상황을 뜻해요!

1 부글부글하던 수동이의 배 속이 편안해진 까닭은 무엇인가요? (　　)

① 뿡! 뿡! 뿡! 방귀가 나와서

② 똥 덩어리가 후드득 쏟아져 나와서

2 친구가 화장실에서 똥을 눌 때 지켜야 할 바른 행동에 ○, 바르지 않은 행동에 ×를 해 보세요.

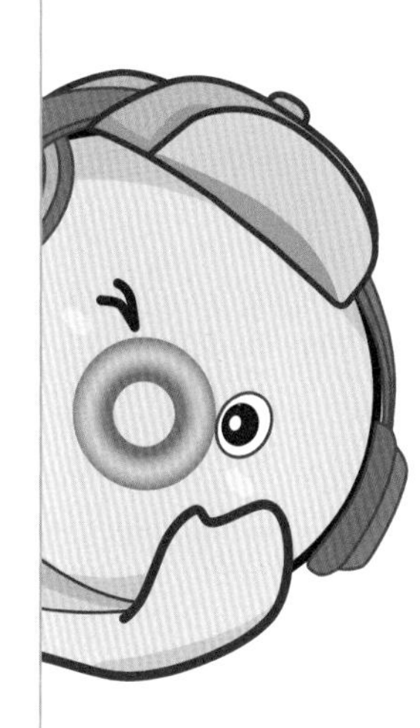

①	학교 화장실에서 똥을 눈다고 밖에서 약을 올린다.	
②	친구가 똥을 누고 있는 화장실 문을 발로 툭툭 찬다.	
③	친구가 똥을 편하게 눌 수 있도록 볼일만 보고 화장실을 나온다.	
④	똥을 누고 있는 친구가 누구인지 확인하기 위해 앞에서 나올 때까지 기다린다.	
⑤	화장실에서 똥을 누는 것은 당연한 일이므로 크게 신경 쓰지 않는다.	

낱말을 따라 쓰고 또박또박 읽어 봅시다.

마 침 내

마 침 내

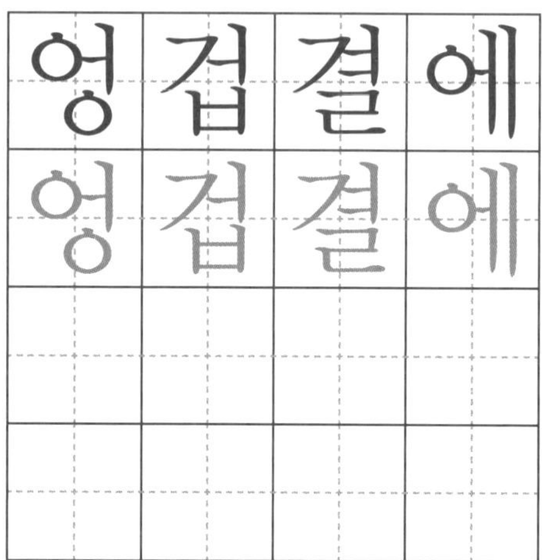

'엉겁결에'는 자기도 모르는 사이에 갑작스레 어떤 행동을 하게 되는 상황에서 사용하는 낱말이에요!

뜻을 생각하며 '엉겁결에'를 넣어 짧은 문장을 지어 봅시다.

깜짝 놀란 수동이는 엉겁결에
물 내리는 버튼을 눌렀다.

생활 쏙쏙 학교에서 지켜야 할 바른 화장실 사용 방법을 찾아 예, 아니오 중 알맞은 것을 따라가며 미로찾기를 해 봅시다.

화장실에 갈 때는 급하기 때문에 마구 뛰어서 간다.
예 아니오

수업 시간에도 볼일이 급하면 선생님께 말하고 다녀온다.
예 아니오

쉬는 시간에 마음껏 놀고 화장실은 수업 시간에 다녀와야 한다.
아니오 예

화장실에서 볼일을 마치고 나면 비누로 손을 씻는다.
아니오 예

손을 씻고 나서 손에 있는 물기는 친구들을 향해 턴다.
아니오 예

좌변기를 사용하고 나서는 물 내림 버튼을 눌러야 한다.
아니오 예

화장실 휴지는 공짜니까 마구 뜯어서 사용한다.
예 아니오

4일차 ___월 ___일

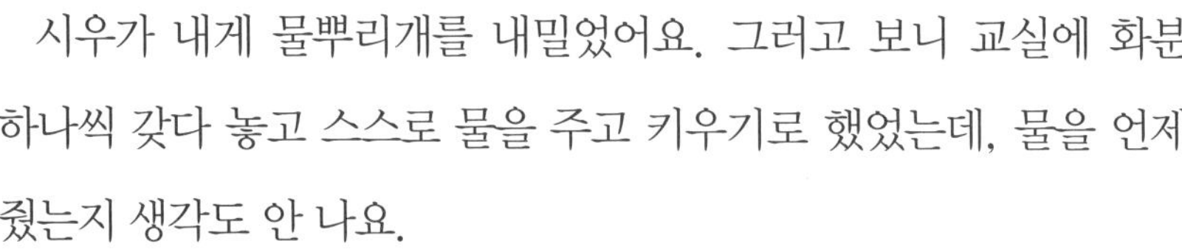

오늘의 이야기

시들지 않은 화분

#칭찬 #친구 #행복

시우가 내게 물뿌리개를 내밀었어요. 그러고 보니 교실에 화분 하나씩 갖다 놓고 스스로 물을 주고 키우기로 했었는데, 물을 언제 줬는지 생각도 안 나요.

내 건 분명 말라비틀어져 있을 거라고 생각했지요. 그런데 웬일, 내 식물이 잘 자라고 있지 뭐예요. 내 것이 맞는지 다시 한번 확인해 봤어요.

"이상하다. 난 물도 안 줬는데 어떻게 자랐지?"

시우가 날 보고 머뭇거리더니 입을 뗐어요.

"실은⋯⋯ 내가 줬어. 많이 시들어 있길래. 말도 안 하고 줘서 미안."

"괜찮아, 너 아니었으면 죽었겠다."

창가에 놓인 화분들을 쭉 살펴보니 다들 꽤 잘 자라고 있었어요. 시우가 다른 식물들도 돌봐 준 것 같아요.

동화 『암행어사의 비밀 수첩』 | 글 임민영 그림 박영

읽기 쏙쏙 '오늘의 이야기'를 읽고 문어가 든 메달 안에 ○ 하세요.

눈으로 읽기

따라 읽기

혼자 읽기

내용 쏙쏙 읽은 내용을 떠올리며 문제를 해결해 봅시다.

1 화분에 물을 준 사람은 누구인가요? (　　)

① 나

② 시우

'입을 떼다'는 입을 열고 말하는 것을 뜻해요!

2 내 화분이 시들지 않은 이유는 무엇일까요? (　　)

① 시우가 나 대신 물을 줬기 때문에
② 내 화분의 식물은 아주 튼튼하기 때문에

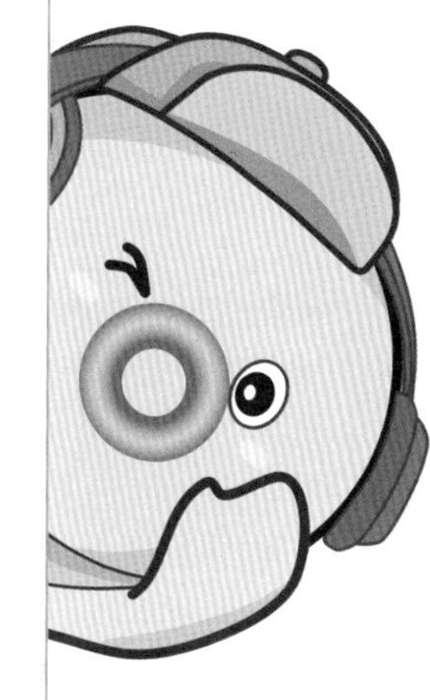

3 '나' 대신 화분에 물을 준 시우에게 고마움을 표현하는 쪽지를 써 보세요.

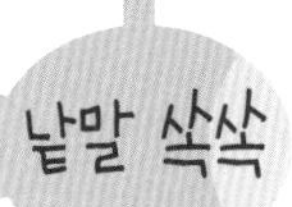

낱말을 따라 쓰고 또박또박 읽어 봅시다.

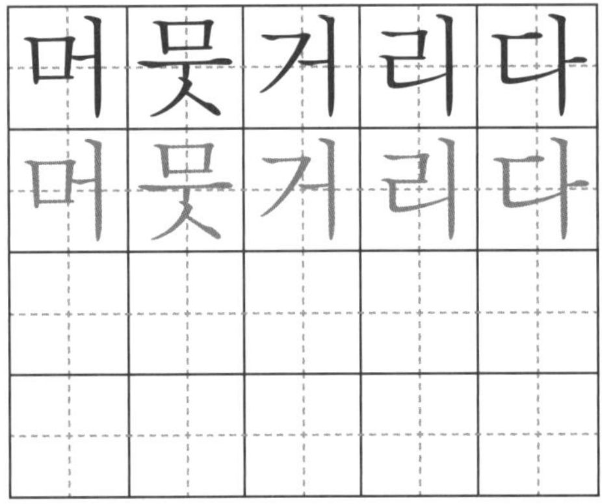

입을 떼다

입을 떼다

쉽게 정하지 못하고 망설이는 것을 '머뭇거리다'라고 해요!

뜻을 생각하며 '머뭇거리다'를 넣어 짧은 문장을 지어 봅시다.

나는 사탕과 초콜릿 중에
어떤 것을 고를지 머뭇거렸다.

생활 쏙쏙

'입을 떼다'의 뜻을 생각하며 만화를 읽어 봅시다.

말을 잘 하지 않던
내 친구 토끼가
드디어 입을 뗐어!

뭐?

입을 뗐다고?

으악!

빨리 병원에 가야겠어.
토끼야!

그게 아니야! 입을 열고
말하는 것을
'입을 떼다'라고
표현한단다!

아하, 그렇구나.
다행이다!

5일차 ___월 ___일

오늘의 이야기

마음에도 맛이 있다면

#동시 #우정 #창의성

마음에도 맛이 있다면

달달달 달콤한 사탕
와드득 깨물었더니
달콤한 맛 어디로 가고
시고 쓰고 요상하네.
사탕 맛은 알겠는데
마음은 어떻게 보나?
마음에도 맛이 있다면 좋겠어.

동화 『막 시 쓰는 이빨 마녀』 | 글 원유순 그림 소노수정

읽기 | 쏙쏙 '오늘의 이야기'를 읽고 문어가 든 메달 안에 ○ 하세요.

눈으로 읽기

따라 읽기

혼자 읽기

내용 쏙쏙 읽은 내용을 떠올리며 문제를 해결해 봅시다.

'달콤하다'는 꿀이나 설탕 처럼 감칠맛이 있게 단것을 표현할 때 사용해요!

1 사탕의 맛은 어떻게 알 수 있나요? (　　)

① 눈으로 보면 알 수 있다.

② 먹어 보면 알 수 있다.

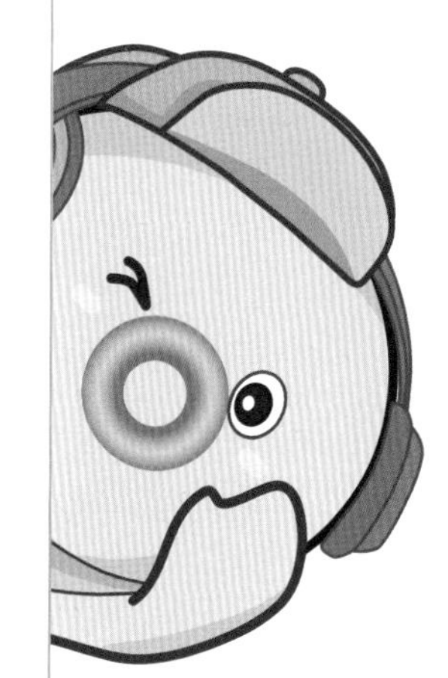

2 시를 지은이는 마음에도 무엇이 있으면 좋겠다고 했나요? (　　)

① 소리　　② 맛　　③ 향기

3 내가 먹고 싶은 달콤한 음식을 글이나 그림으로 표현해 보세요.

군고구마

낱말을 따라 쓰고 또박또박 읽어 봅시다.

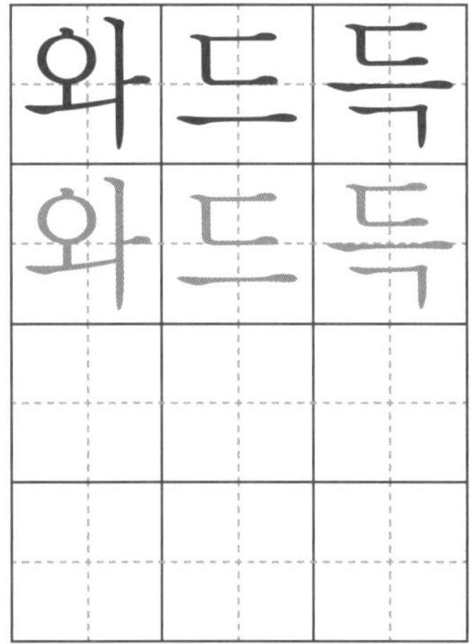

달	콤	하	다
달	콤	하	다

단단한 것을 세게 깨물거나 부러뜨릴 때 나는 소리를 '와드득'이라고 표현해요!

뜻을 생각하며 '와드득'을 넣어 짧은 문장을 지어 봅시다.

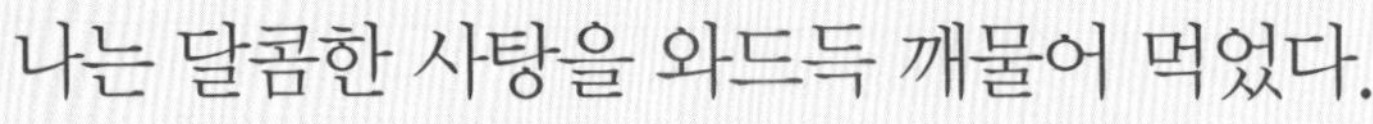

생활 쏙쏙 음식 맛을 나타내는 낱말에 대해 알아봅시다.

구수하다	된장찌개나 숭늉처럼 입맛이 당기도록 음식 맛이 좋을 때 쓰는 표현
느끼하다	생크림이나 돼지 비계처럼 비위에 맞지 않을 정도로 음식에 기름기가 많을 때 쓰는 표현
달콤하다	꿀이나 설탕처럼 감칠맛이 있게 꽤 음식이 달 때 쓰는 표현
매콤하다	떡볶이나 비빔국수처럼 음식이 적당히 매워 먹기 좋을 때 쓰는 표현
밍밍하다	음식에 간이 잘 되어 있지 않고 싱거워 제맛이 나지 않을 때 쓰는 표현
새콤하다	귤이나 오렌지처럼 달면서 신맛이 있어서 상큼할 때 쓰는 표현
시큼하다	김치가 익어 신맛이나 신 냄새가 제법 올라올 때 쓰는 표현
쌉쌀하다	도라지나 더덕처럼 조금 쓴맛이 느껴지는 음식의 맛을 나타낼 때 쓰는 표현
알싸하다	고추냉이처럼 맵고 독해서 콧속이나 혀가 아리고 쏘는 맛을 나타낼 때 쓰는 표현
짭짤하다	소고기장조림이나 새우젓 같은 음식이 감칠맛을 내면서 조금 짤 때 쓰는 표현
얼큰하다	매운탕처럼 음식 맛이 적당히 매워 입안이 얼얼할 때 쓰는 표현
텁텁하다	김치에 젓갈을 너무 많이 넣었을 때처럼 음식이 깔끔하지 않으면서 개운치 않은 맛이 날 때 쓰는 표현

첫 번째 복습 마당

문제에 제시된 낱말을 보고, 끝 글자로 시작하는 낱말을 떠올리며 끝말잇기 놀이를 해 봅시다.

예 나무 무지개 개미 미술

1 사과 ______ ______ ______

2 아기 ______ ______ ______

들려주는 낱말을 잘 듣고 빈칸에 써 봅시다.

① 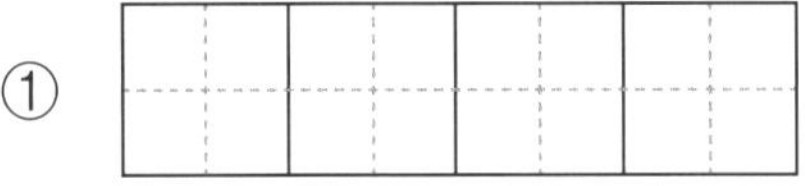

② 

③ 

④  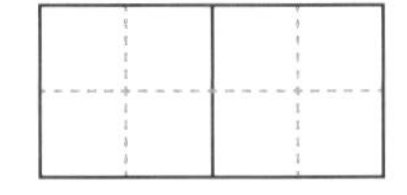

⑤ 

<보기>의 낱말을 모두 찾아 ◯로 묶어 봅시다.

할	머	니	표	테	글	보	엉	집	일
아	팔	뻔	구	그	고	영	겁	기	로
버	보	기	존	중	크	지	결	음	류
지	칸	당	와	드	득	정	에	사	민
꿈	배	봄	삭	산	구	이	마	루	꼬
이	해	마	와	시	요	감	인	되	부
네	동	의	삭	치	미	사	르	쓸	랑
펼	생	생	하	다	디	복	도	게	개
기	만	습	히	두	뷰	훌	말	사	랑
사	물	머	뭇	거	리	다	안	편	향

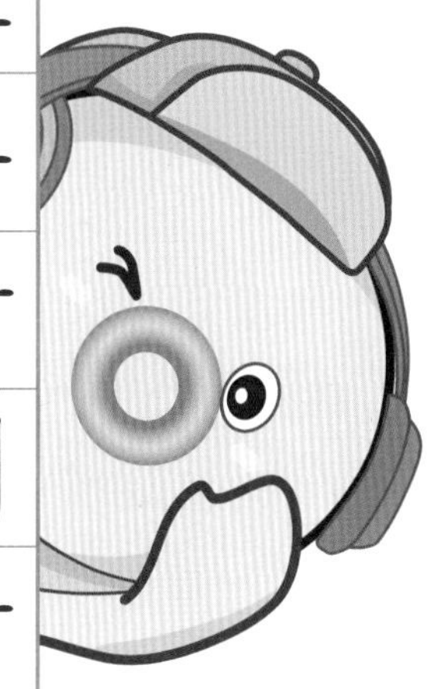

와드득	꼬부랑	할머니	엉겁결에	머뭇거리다	생생하다
단단한 것을 깨물거나 부러뜨릴 때 나는 소리	구부러진 모양을 나타낸 말	아빠의 엄마	갑작스럽게 어떤 행동을 하는 상황에 사용하는 말	쉽게 정하지 못하고 망설이는 것	마치 눈앞에 있는 것처럼 또렷하고 분명한 것

음원 재생 찰칵!

오늘의 이야기

사물함 정리의 달인

#칭찬 #친구 #행복

와르르.

사물함에 멋대로 들어 있던 책들이 한꺼번에 쏟아졌어요. 그리고 칫솔, 치약, 컵까지 교실 바닥에 나뒹굴었어요. 예림이가 굴러간 내 양치 컵을 들고 다가왔어요.

"아무렇게나 넣어 놓으니까 다 쏟아지지."

예림이는 교과서를 세워 착착 정리했어요. 빈 곳에는 줄넘기를 돌돌 말아 넣고, 컵에 칫솔과 치약을 꽂았어요. 금세 정리가 됐어요.

"책을 세워서 꽂아야 꺼내기 좋다고."

"어, 고마워."

말은 새침하게 해도 도와주니 고마웠어요. 사물함 속이 말끔해서인지 내 마음도 개운해졌어요.

나는 다시 수첩을 꺼냈어요.

'오호, 오늘은 쓸 게 많네.'

서예림 – 사물함이랑 서랍 정리를 잘한다. 아주 깨끗하다.

동화『암행어사의 비밀 수첩』| 글 임민영 그림 박영

읽기 쏙쏙

'오늘의 이야기'를 읽고 문어가 든 메달 안에 ○ 하세요.

눈으로 읽기

따라 읽기

혼자 읽기

내용 쏙쏙 읽은 내용을 떠올리며 문제를 해결해 봅시다.

1 주인공의 사물함에 있던 물건이 아닌 것은 무엇일까요? (   )

① 리코더 ② 치약 ③ 줄넘기

2 예림이의 도움을 받고 주인공의 마음은 어떻게 바뀌었나요? (   )

① 마음이 찜찜해졌다.
② 마음이 미안해졌다.
③ 마음이 개운해졌다.

'깨끗하다'는 더럽지 않고 잘 정리된 상태를 뜻해요!

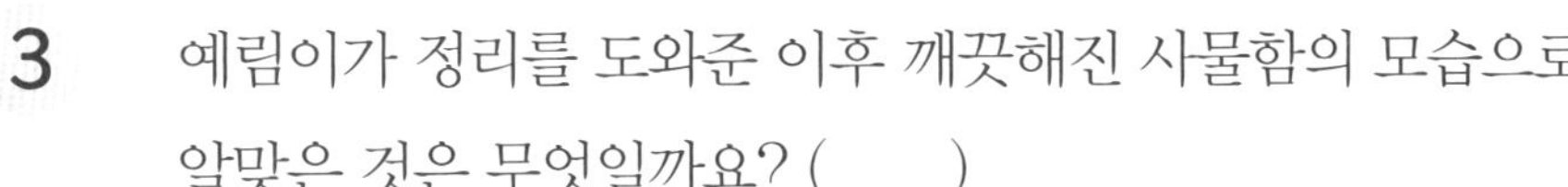

3 예림이가 정리를 도와준 이후 깨끗해진 사물함의 모습으로 알맞은 것은 무엇일까요? (   )

① ② ③

낱말 쏙쏙

낱말을 따라 쓰고 또박또박 읽어 봅시다.

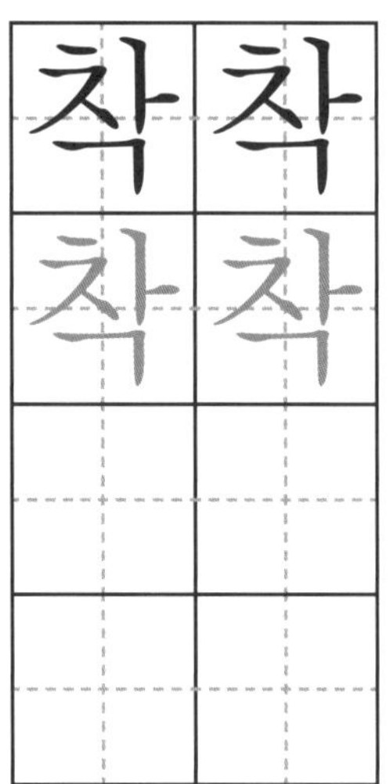

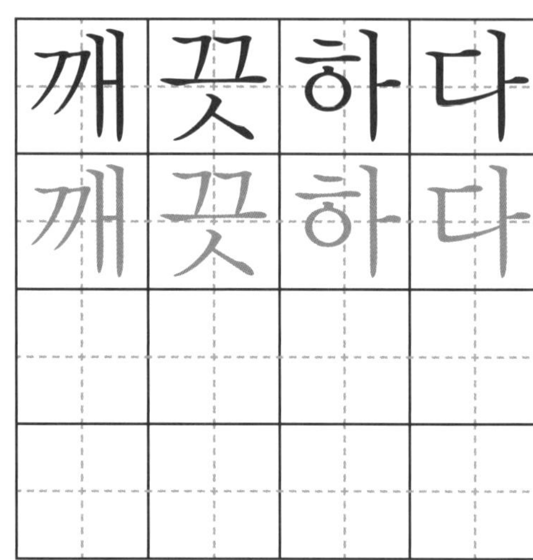

'착착'은 어떤 일을 시원스럽게 잘 해내거나 일이 막힘없이 잘될 때 활용할 수 있는 표현이에요!

뜻을 생각하며 '착착'을 넣어 짧은 문장을 지어 봅시다.

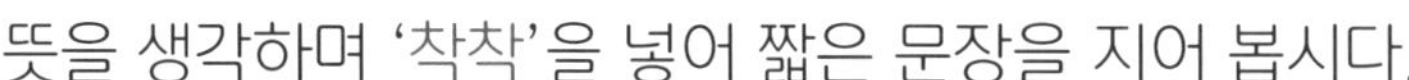

생활 쏙쏙

꾸며 주는 말에 대해 알아보고 보기에서 문장에 어울리는 꾸며 주는 말을 골라 적어 봅시다.

꾸며 주는 말이란?

뜻을 자세히 해 주어 문장을 더욱 실감 나게 만들어 주는 말을 뜻해요! 아래 문장 속 빨간색 낱말들이 없을 때와 있을 때를 비교해 보세요.

예

물이 펄펄 끓어요.

강아지가 멍멍 짖어요.

유나가 빨간 구두를 신어요.

하얀 눈이 내려요.

들판에 꽃이 예쁘게 피었어요.

보기

시원한 껑충껑충 착착
아름다운 펑펑 뒤뚱뒤뚱

① 할머니를 도와 물건을 ______ 옮겨요.

② 펭귄이 ______ 걸어요.

③ 운동을 하니 ______ 물을 마시고 싶어요.

④ ______ 음악 소리가 들려요.

음원 재생 찰칵!

7 일차 ___ 월 ___ 일

오늘의 이야기

무엇을 먹을까?

#후회 #친구 #장점

"핫도그 하나 주세요. 민희 넌 뭐 먹을 거야?"

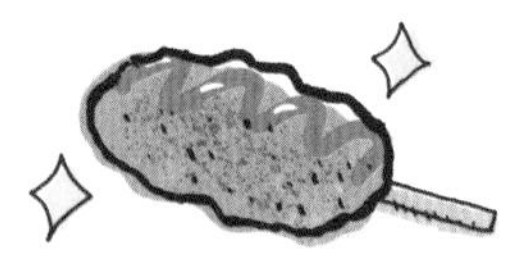

서연이는 금세 먹고 싶은 걸 골랐어요.

"나, 나는……."

민희는 뭘 먹을지 고민이 됐어요. 서연이를 보면 핫도그가 먹고 싶다가도 정우를 보면 매콤한 떡꼬치도 맛나 보였거든요.

"아직 못 정했어?"

서연이가 핫도그를 야금야금 먹으며 계속 물었어요.

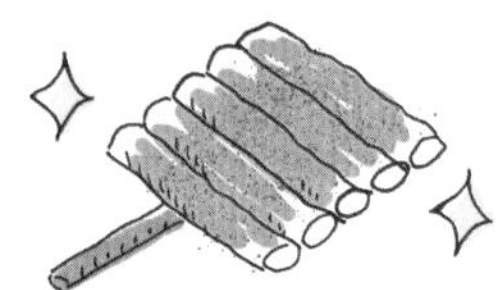

"빨리 정해. 나, 피아노 학원 가야 해."

서연이 목소리에 짜증이 조금 묻어 있었어요.

'정우는 한 번도 빨리 고르라고 재촉한 적 없는데…….'

정우는 민희가 핫도그랑 떡꼬치 사이에서 갈팡질팡할 때마다 늘 말없이 기다려 주었어요. 핫도그를 고른 뒤에 "떡꼬치를 먹을걸." 하고 후회하면 얼른 자기 떡꼬치 하나를 빼서 나눠 주었지요.

동화 『후회의 이불킥』 | 글 백해영 그림 이주희

읽기 쏙쏙 '오늘의 이야기'를 읽고 문어가 든 메달 안에 ○ 하세요.

눈으로 읽기

따라 읽기

혼자 읽기

내용 쏙쏙 읽은 내용을 떠올리며 문제를 해결해 봅시다.

1 이야기가 펼쳐지는 장소는 어디인가요? (   )

① 학교 ② 문구점 ③ 분식집

'갈팡질팡'은 결정을 쉽게 하지 못하거나 이리저리 헤매는 모습을 뜻해요!

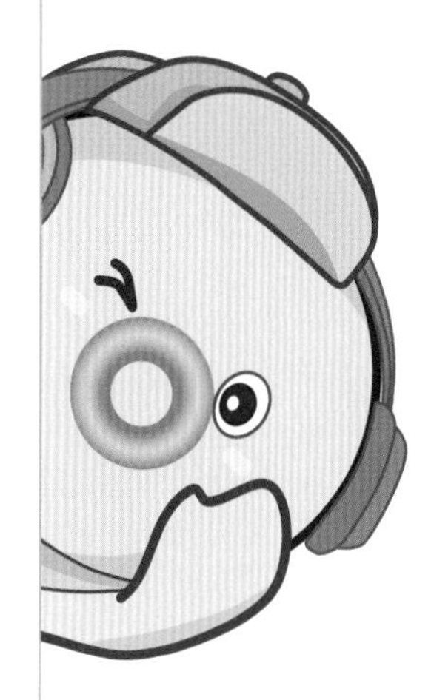

2 민희는 어떤 음식 사이에서 갈팡질팡했나요? 알맞은 두 가지를 골라 낱말에 ○ 하세요.

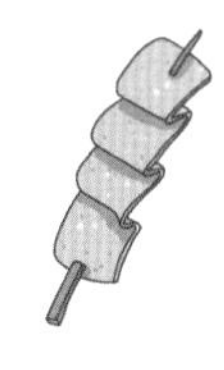
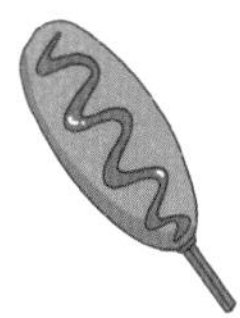

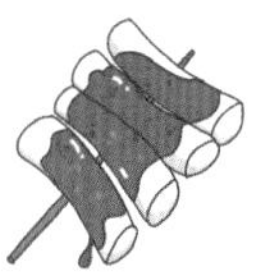

어묵 핫도그 떡볶이 붕어빵 떡꼬치

3 정우가 민희를 배려하며 했던 말과 행동을 모두 찾아 맞으면 ○, 틀리면 ×를 해 보세요.

① "빨리 정해."라고 말하며 재촉하기 (   )

② 민희가 고민할 때 말없이 기다려 주기 (   )

③ 자기 떡꼬치 하나를 빼서 나누어 주기 (   )

낱말 쏙쏙

낱말을 따라 쓰고 또박또박 읽어 봅시다.

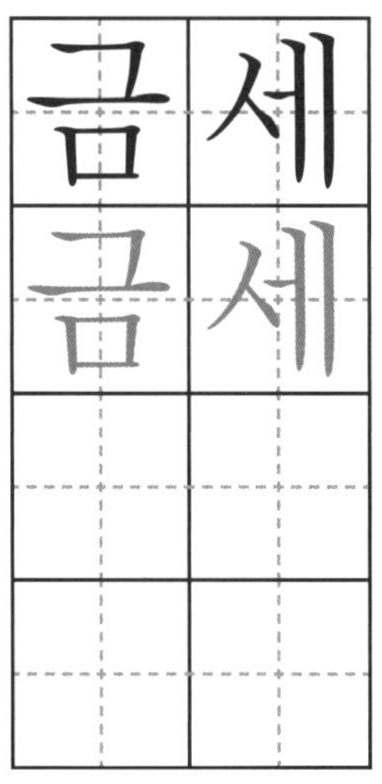

'금시에'가 줄어든 말로, 아주 짧은 시간이 지난 바로 지금을 '금세'라고 해요!

뜻을 생각하며 '금세'를 넣어 짧은 문장을 지어 봅시다.

소풍을 다녀온 동생은 피곤한지
금세 잠이 들었다.

생활 쏙쏙

어떤 것과 다른 것 사이에서 갈팡질팡한 경험이 있나요?
그때의 경험을 말풍선 안에 그림이나 글로 표현해 봅시다.

8 일차 ___월 ___일

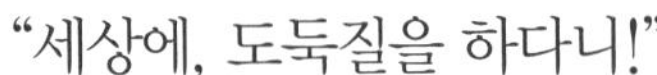

나는 도둑이 아니야!

#꿈 #이해심 #희망

"세상에, 도둑질을 하다니!"

"내 것도 네가 훔쳐 갔지?"

이루는 억울했다. 무얼 훔쳐 갔다는 건지도 알 수 없었다. 하지만 눈앞에 서 있는 아이들은 이루를 도둑으로 몰며 닦달하고 있었다. 아이들 얼굴도 낯설었다. 같은 반 아이들도 아니었다. 누군지 떠올려 보려고 했지만 아무리 생각해도 알지 못하는 아이들이었다.

"어떻게 그럴 수가 있어? 너 같은 도둑과는 같이 지낼 수 없어."

아이들은 차갑게 돌아섰다. 떠나가는 아이들을 향해 이루가 고개를 세차게 흔들며 소리쳤다.

"아니야, 아니라고! 난 도둑이 아니야!"

헉!

눈을 번쩍 뜬 이루가 가쁜 숨을 몰아쉬었다. 도둑으로 몰리는 꿈이었다. 며칠 동안 같은 악몽에 시달리고 있었다. 왜 이런 꿈을 꾸는 건지 이해가 안 됐다.

동화 『꿈 요원 이루』 | 글 김경미 그림 김주경

읽기 쏙쏙 '오늘의 이야기'를 읽고 문어가 든 메달 안에 ○ 하세요.

눈으로 읽기 → 따라 읽기 → 혼자 읽기

내용 쏙쏙 읽은 내용을 떠올리며 문제를 해결해 봅시다.

'낯설다'는 전에 본 기억이 없거나 겪은 적이 없어 익숙하지 않은 것을 뜻해요!

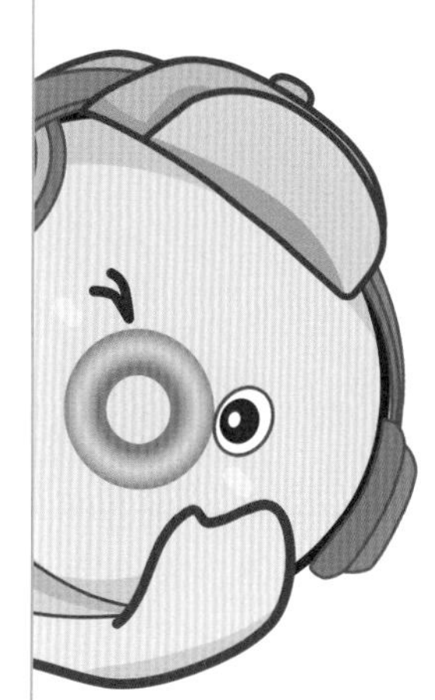

1 이루가 꾸는 악몽의 종류는 무엇인가요? (　　)

① 도둑질을 했다고 오해받는 꿈

② 높은 하늘에서 떨어지는 꿈

2 이루를 도둑으로 몰며 닦달하는 사람들은 누구인가요? (　　)

① 이루의 단짝 친구들　　② 낯선 아이들

3 도둑질을 하지 않았는데 도둑으로 몰리는 이루의 표정을 상상하여 눈, 코, 입을 그려 보세요.

낱말 쏙쏙

낱말을 따라 쓰고 또박또박 읽어 봅시다.

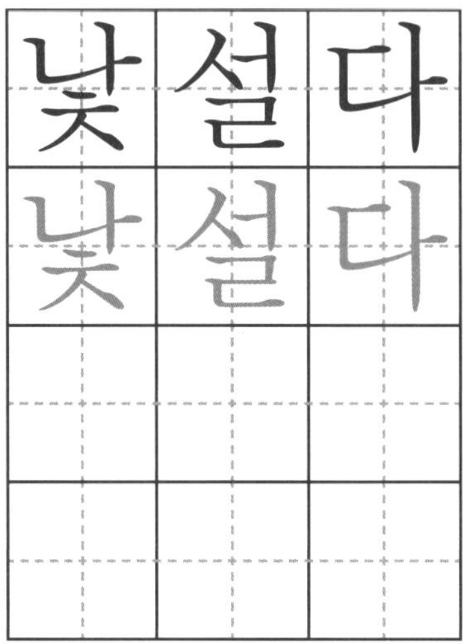

악몽

악몽

아주 무섭거나 불길한 꿈을 '악몽'이라고 해요!

'악몽'을 꾼 적이 있나요? 어떤 꿈이었는지 적어 봅시다.

생활 쏙쏙

'꿈'의 두 가지 뜻을 생각하며 만화를 읽어 봅시다.

첫 번째

두 번째

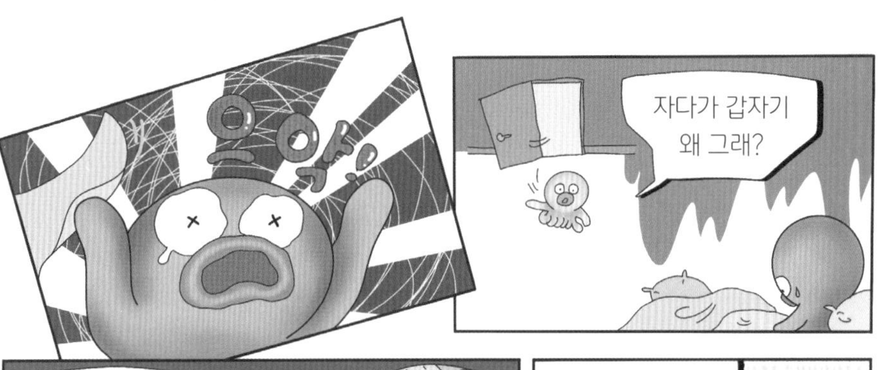

9 일차 월 일

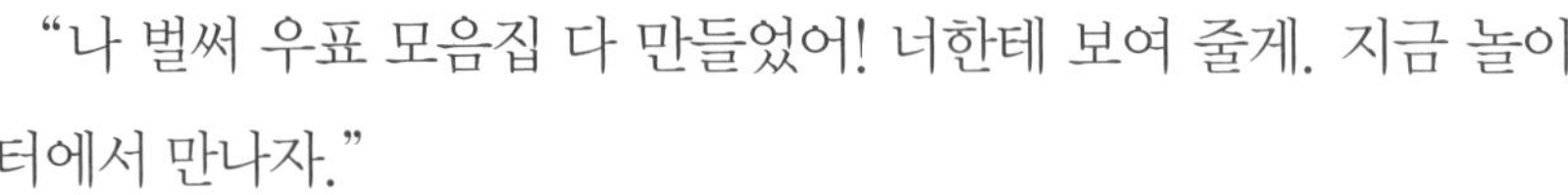

오늘의 이야기

레오의 기막힌 생각

#재치 #즐거움 #학교생활

"나 벌써 우표 모음집 다 만들었어! 너한테 보여 줄게. 지금 놀이터에서 만나자."

레오는 나가기가 좀 귀찮았다. 하지만 민재가 꼭 보여 주고 싶어 하는 것 같아서 알겠다고 했다. 놀이터로 가는 길에 생각했다.

'꼭 눈에 보이는 것만 수집해야 할까? 안 보이는 거면 이렇게 꼭 만나서 봐야 할 필요도 없잖아.'

순간 레오의 눈이 반짝였다.

조금 뒤 민재가 우표를 잔뜩 붙인 커다란 종이를 들고 놀이터에 나타났다. 레오는 민재를 보자마자 꽉 끌어안았다.

"네 덕분에 뭘 수집할지 생각해 냈어. 아주 기막힌 거야!"

민재는 어리둥절한 얼굴로 레오를 보았다.

"너, 젤리를 수집한다며?"

"그거보다 더 좋은 게 떠올랐어. 난 눈에 보이지 않는 걸 수집할 거야."

"그게 뭔데?"

"엄마 잔소리!"

동화 『레오의 완벽한 초등 생활』 | 글 이수용 그림 정경아

읽기 쏙쏙 '오늘의 이야기'를 읽고 문어가 든 메달 안에 ○ 하세요.

눈으로 읽기

따라 읽기

혼자 읽기

내용 쏙쏙 읽은 내용을 떠올리며 문제를 해결해 봅시다.

1 레오와 민재가 만난 장소는 어디인가요? (   )

① 놀이터 ② 문구점 ③ 슈퍼

'수집'은 취미나 공부를 위해 무언가를 모으는 것을 뜻해요!

2 레오는 나가기 귀찮았지만 왜 민재와 만나기로 했나요? (   )

① 민재가 레오에게 젤리를 사 준다고 했기 때문에
② 민재가 우표 모음집을 보여 주고 싶어 하는 것 같았기 때문에

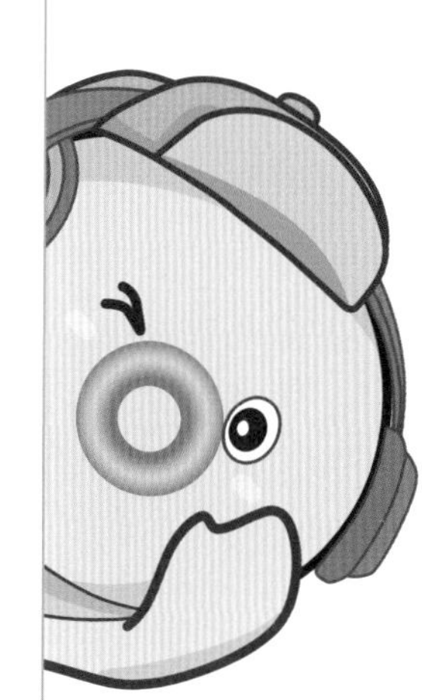

3 레오가 수집하기로 결심한 것은 무엇인가요? (   )

① 투명 젤리

② 좀처럼 구하기 힘든 희귀한 카드

③ 엄마의 잔소리

낱말 쏙쏙 낱말을 따라 쓰고 또박또박 읽어 봅시다.

어떤 것이 정말 좋거나 뛰어날 때 '기막히다'라고 표현해요!

뜻을 생각하며 '기막히다'를 넣어 짧은 문장을 지어 봅시다.

할머니께서 만드신 음식 맛이 기막히다.

'기막히다'의 두 가지 뜻을 알아보고, 각각의 상황에 어울리는 표정의 눈, 코, 입을 그려 봅시다.

'기막히다(=기가 막히다)'의 두 가지 뜻

첫 번째	두 번째
새로 나온 아이스크림 맛이 정말 기막힌걸!  말할 수 없을 정도로 좋을 때	어휴, 책 사이에 끼워 둔 연필을 3시간이나 찾아다녔다니! 나 참 기가 막힌다.  놀랍거나 어이없을 때

음원 재생 찰칵!

10일 차 ___월 ___일

오늘의 이야기

나도 단짝이 있으면 좋겠어

#친구 사귀기
#배려
#이해심

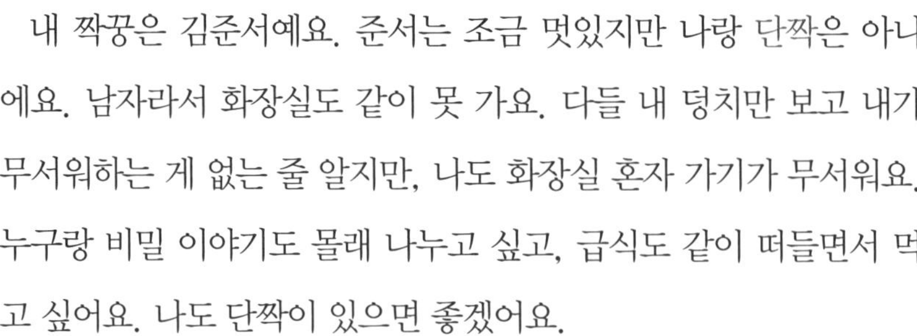

내 짝꿍은 김준서예요. 준서는 조금 멋있지만 나랑 단짝은 아니에요. 남자라서 화장실도 같이 못 가요. 다들 내 덩치만 보고 내가 무서워하는 게 없는 줄 알지만, 나도 화장실 혼자 가기가 무서워요. 누구랑 비밀 이야기도 몰래 나누고 싶고, 급식도 같이 떠들면서 먹고 싶어요. 나도 단짝이 있으면 좋겠어요.

"주아야, 오늘 나랑 운동장에서 놀다 갈래?"

노을이가 사물함에 가느라 자리를 비웠을 때, 나는 용기 내어 주아에게 말했어요.

주아가 놀란 토끼처럼 눈을 동그랗게 떴어요. 이럴 때 주아는 정말 귀여워요. 만약에 내게 동생이 있다면 이런 모습일 것 같아요.

"나, 노을이네 집에 놀러 가기로 했는데?"

"아……."

그때 노을이가 오더니 나를 힐긋 보고는 주아의 팔짱을 끼고 창가로 갔어요.

동화 『우리는 비밀 사이다』 | 글 윤정 그림 유준재

읽기 쏙쏙 '오늘의 이야기'를 읽고 문어가 든 메달 안에 ○ 하세요.

눈으로 읽기

따라 읽기

혼자 읽기

내용 쏙쏙 읽은 내용을 떠올리며 문제를 해결해 봅시다.

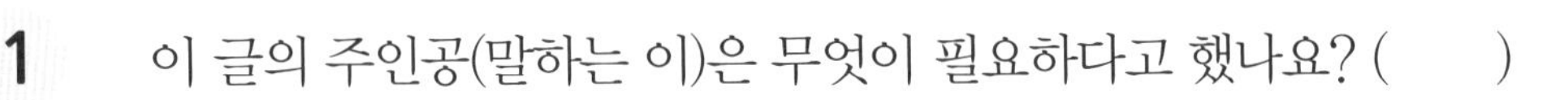

1 이 글의 주인공(말하는 이)은 무엇이 필요하다고 했나요? (　　)

① 짝꿍　　② 단짝　　③ 남자 친구

'단짝'은 아주 가깝고 친하여 늘 같이 어울려 다니는 친구, 혹은 그런 사이를 뜻해요!

2 주아가 놀란 토끼처럼 눈을 동그랗게 뜬 까닭은 무엇인가요? (　　)

① 화장실에 혼자 가기가 무서워서
② 급식을 떠들면서 먹어서
③ 노을이네 집에 놀러 가기로 했는데, 내가 운동장에서 놀다 가자고 해서

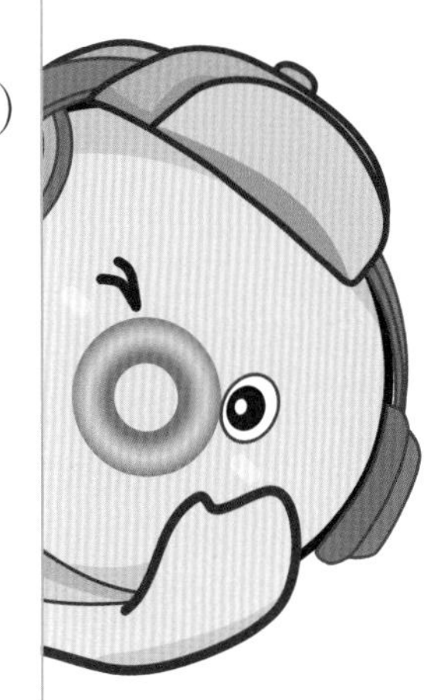

3 노을이가 나타나 주아의 팔짱을 끼고 창가로 갔을 때, 주인공은 어떤 기분이 들었을까요? 주인공의 마음을 가장 잘 표현한 낱말을 찾아 ○를 해 보세요.

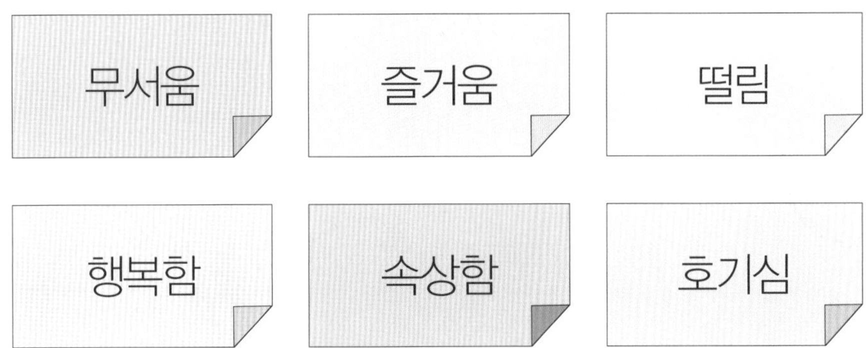

낱말 쏙쏙 낱말을 따라 쓰고 또박또박 읽어 봅시다.

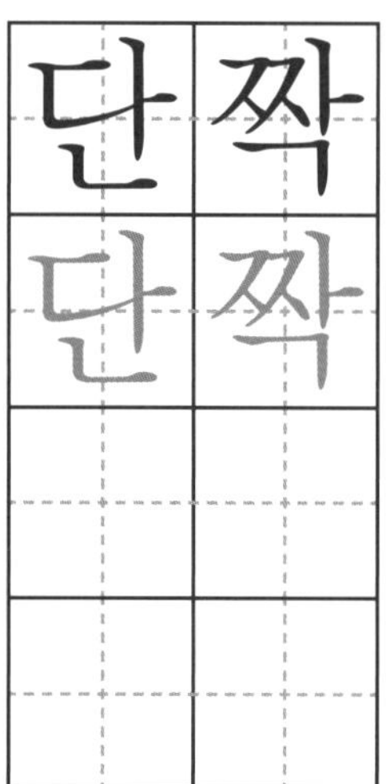

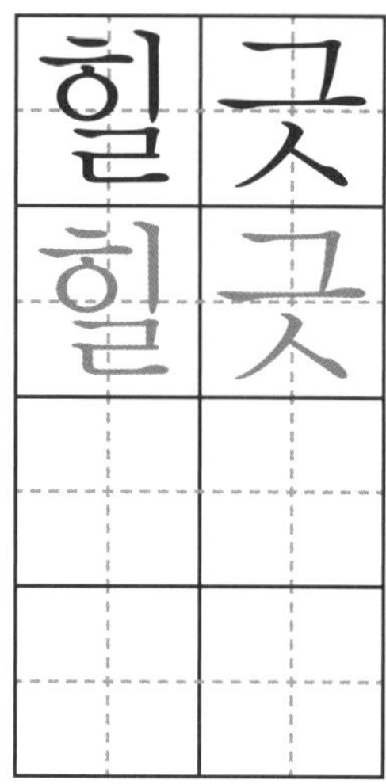

가볍게 슬며시 흘겨보는 모양을 '힐긋'이라고 해요!

뜻을 생각하며 '힐긋'을 넣어 짧은 문장을 지어 봅시다.

노을이가 나를 힐긋 바라보았다.

생활 쏙쏙

단짝과 같이하고 싶은 일을 쓰고, 친구와 이야기를 나누어 봅시다.

축구

리코더 연주

게임

나는 단짝과 ()을/를 하고 싶어.

그림 그리기

젠가 놀이

책 읽기

두 번째 복습 마당

다섯고개의 힌트를 읽은 후 '나'는 누구일지 생각해 봅시다.

첫 번째 다섯고개 **도전!**

나는 동물입니다.	나는 잘 뛰어요.	나는 꼬리가 짧아요.	나는 당근을 좋아해요.	나는 귀가 길어요.

정 답 : ________

두 번째 다섯고개 **도전!**

나는 식물입니다.	나는 5~6월에 꽃을 피워요.	꽃색은 빨강, 분홍, 흰색으로 다양해요.	나는 가시가 있어요.	내 이름은 두 글자입니다.

정 답 : ________

세 번째 다섯고개는 내가 만들어 볼까요?

정 답 : ________

들려주는 낱말을 잘 듣고 빈칸에 써 봅시다.

음원 재생 찰칵!

① 

②  

③ 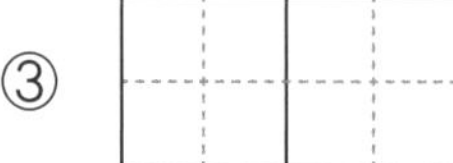

④  

⑤  

미션을 해결하며 땅따먹기 놀이를 해 봅시다.

- 지우개를 '발사' 위치에 놓고 튕겨서 들어간 칸의 문제를 읽고, 뜻에 알맞은 낱말을 말해 봅시다. 정답이 맞으면 그 칸을 맞춘 사람의 색연필로 칠합니다.
- '꽝'에 들어가면 상대에게 차례가 넘어가고, '한 번 더'에 들어가면 다시 한번 더 발사하여 문제를 풀 수 있습니다.

발사

아주 짧은 시간 ㄱ ㅅ	꽝!	한 번 더!	미션 팔 벌려 뛰기 10번	아주 가깝고 친해 늘 어울려 다니는 친구 ㄷ ㅉ
1+ 한 번 더!	재빨리 슬쩍 노려보는 모양 ㅎ ㄱ	아주 무서운 꿈 ㅇ ㅁ	어떤 일을 막힘없이 잘 해내는 모습 ㅊ ㅊ	미션 친구에게 고마운 점 이야기하기
미션 한 발로 10초 서 있기	미션 친구의 장점 칭찬하기	한 번 더!	미션 5초 동안 큰 소리로 웃기	취미를 위해 뭔가를 모으는 것 ㅅ ㅈ
어떤 것이 정말 좋거나 뛰어날 때 ㄱㅁ히다	결정을 쉽게 못 하거나 길을 헤매는 모습 ㄱㅍㅈㅍ	더럽지 않고 잘 정리된 상태 ㄲㄲ하다	전에 본 적이 없어 익숙하지 않은 것 ㄴ ㅅ ㄷ	꽝!
미션 앉았다 일어났다 10번!	꽝!	한 번 더!	미션 코끼리 코 만들고 5바퀴	한 번 더! 1+

발사

오늘의 이야기

고양이를 구한 소년

#초능력 #헌신 #우정

"얍!"

한결이의 기합과 동시에 정말로 한결이의 몸이 공중으로 떠올랐어요.

'우아, 내가 난다! 날아!'

하지만 좋아하는 것도 잠시, 갑자기 몸이 기우뚱 기우는 게 아니겠어요. 그 이어 몸이 발랑 뒤집히는가 싶더니 쿵 바닥에 나뒹굴고 말았어요. 다행히 높게 난 건 아니어서 다치지는 않았지요.

너무 창피해 눈을 꾹 감는 순간 배 쪽에 뭔가 묵직한 게 털썩 내려앉는 게 느껴졌어요. 이어 한결이 귀에 이런 말소리가 들려왔어요.

"봤어? 저 아이가 고양이를 구했어."

한결이는 어안이 벙벙했어요. 눈을 떠 보니 사람들이 모두 자기를 영웅처럼 바라보고 있었어요.

'뭐지?'

슬쩍 아래쪽을 보니 자신의 볼록한 배 위에 아기 고양이가 편안한 자세로 엎드려 있었어요.

동화 『초능력 사용법』 | 글 김경미 그림 김준영

읽기 쏙쏙 '오늘의 이야기'를 읽고 문어가 든 메달 안에 ○ 하세요.

눈으로 읽기 → 따라 읽기 → 혼자 읽기

내용 쏙쏙 읽은 내용을 떠올리며 문제를 해결해 봅시다.

1 한결이가 사용한 초능력은 무엇인가요? (　　)

① 공중으로 떠오르는 초능력
② 투명 인간이 되는 초능력

'공중'은 하늘과 땅 사이의 빈 곳을 뜻해요!

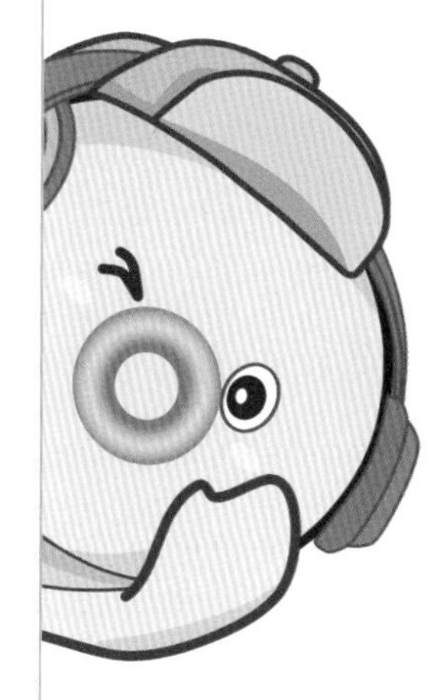

2 한결이가 구한 동물은 무엇인가요? (　　)

① 강아지
② 고양이

3 한결이가 구한 동물이 어디로 떨어졌는지 알맞은 위치에 ○를 해 보세요.

낱말 쏙쏙

낱말을 따라 쓰고 또박또박 읽어 봅시다.

놀라운 일이 생겨 어리둥절한 것을 '어안이 벙벙하다'라고 표현해요!

뜻을 생각하며 '어안이 벙벙하다'를 넣어 짧은 문장을 지어 봅시다.

나는 처음으로 큰 용돈을 받아 어안이 벙벙했다.

생활 쏙쏙 다음 중 어떤 초능력을 갖고 싶은지 ○를 한 뒤 이유를 말해 봅시다.

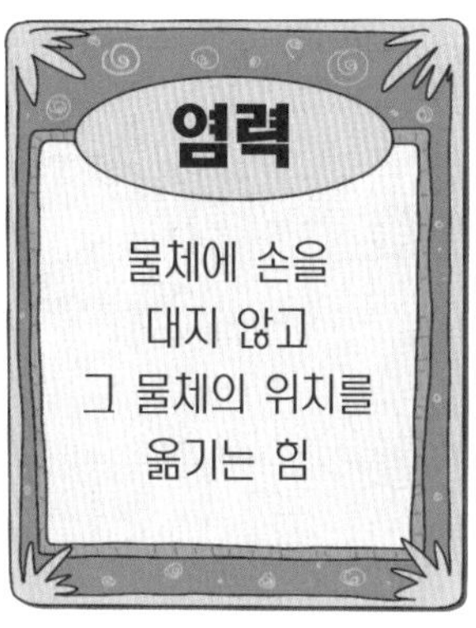

순간 이동

어떤 공간이든
마음먹은 대로
순식간에 이동이
가능한 능력

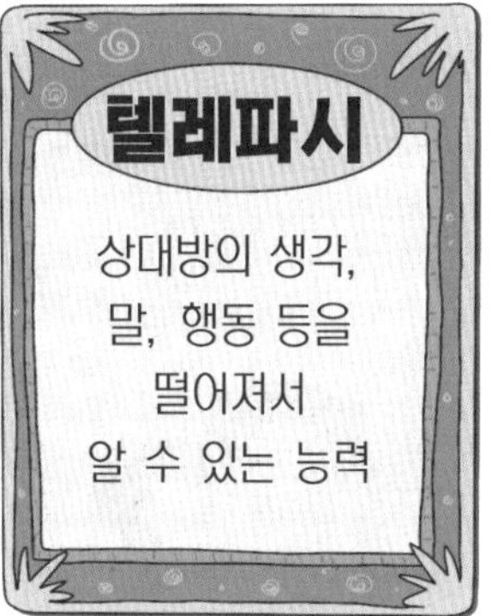

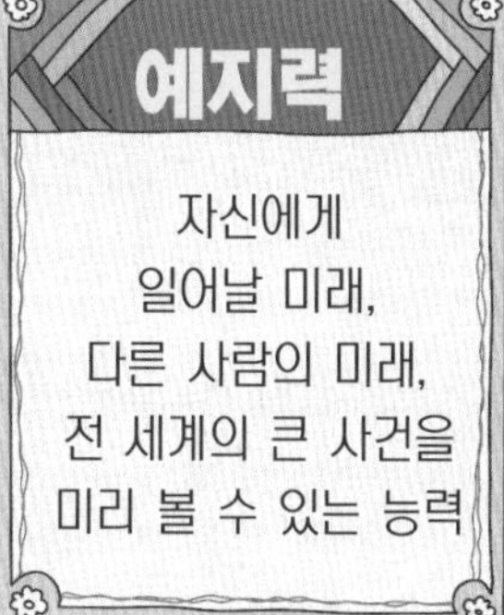

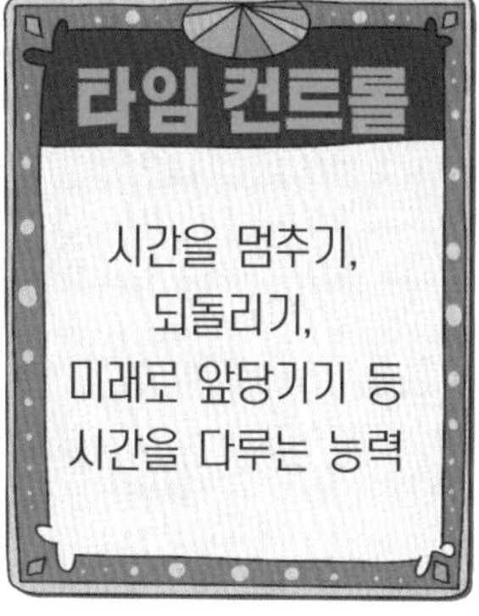

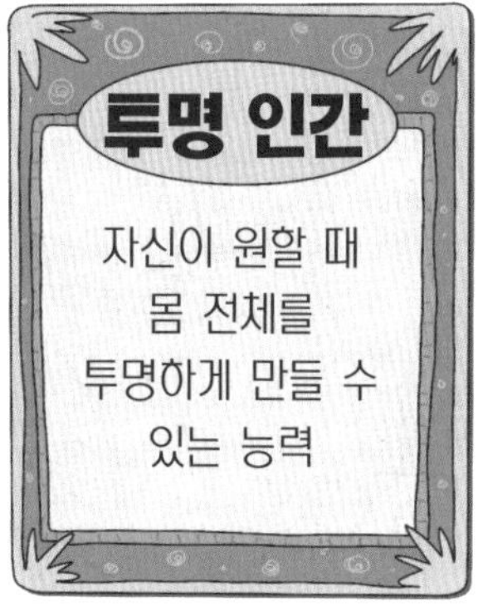

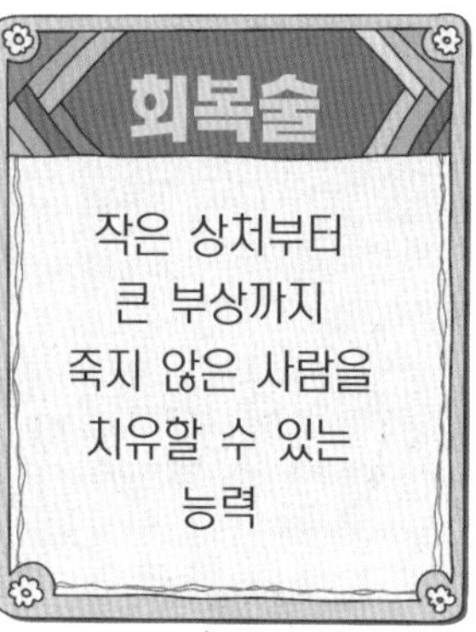

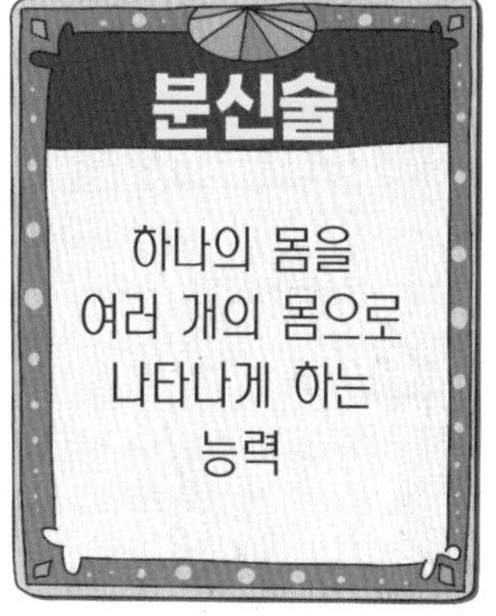

12일차 ___월 ___일

오늘의 이야기

어떻게 알았어?

#친구 사귀기 #배려 #이해심

"어? 주아네 집이랑 우리 집이랑 가깝네."

준서 말에 주아 얼굴이 조금 빨개졌어요. 그러고 보니 둘은 같은 아파트였어요. 동만 달랐지요.

준서가 전지를 돌돌 말아서 사물함 위에 올려 두었어요. 주아가 그 모습을 빤히 바라보았어요.

"주아야!"

"앗, 깜짝이야."

내가 어깨를 툭 치자, 주아가 화들짝 놀랐어요. 그러고는 나를 복도로 끌고 나갔어요. 그리고 귓속말로 말했지요.

"너, 어떻게 알았어?"

"뭘?"

"내가 준서 좋아하는 거."

나는 가슴이 덜컹했어요. 전혀 몰랐거든요. 이제야 주아 표정이 왜 그랬는지 이해가 되었어요. 이래서 엄마가 나보고 눈치가 없다고 그러나 봐요.

동화 『우리는 비밀 사이다』 | 글 윤정 그림 유준재

읽기 쏙쏙 '오늘의 이야기'를 읽고 문어가 든 메달 안에 ○ 하세요.

눈으로 읽기

따라 읽기

혼자 읽기

내용 쏙쏙 읽은 내용을 떠올리며 문제를 해결해 봅시다.

1 "어? 주아네 집이랑 우리 집이랑 가깝네."라는 문장 속의 우리 집은 어디일까요? (　　)

① 주인공의 집　　② 준서의 집　　③ 선생님의 집

'눈치가 없다'는 다른 사람의 마음이나 생각을 잘 알아채지 못하는 것을 뜻해요!

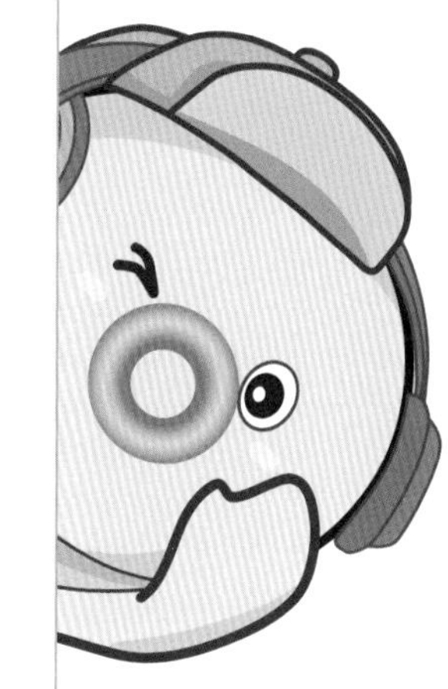

2 주인공이 알게 된 사실은 무엇인가요? 빈칸에 들어갈 인물을 각각 적어 보세요.

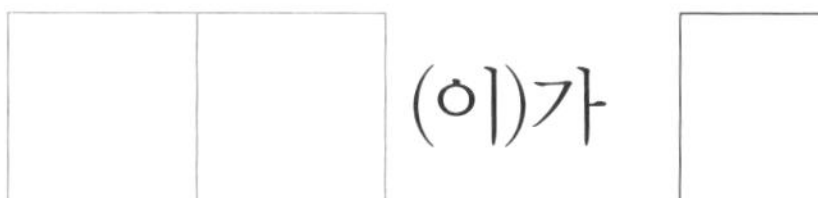
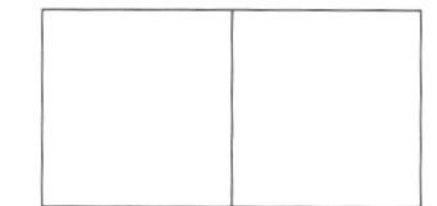

□□(이)가 □□(이)를 좋아하는 것

글 속의 증거

① □□ 말에 □□ 얼굴이 빨개졌어요.

② □□가 □□의 모습을 빤히 바라보았어요.

3 주인공에게 눈치가 없다고 말한 사람은 누구인가요? (　　)

① 주아

② 준서

③ 엄마

낱말 쏙쏙

낱말을 따라 쓰고 또박또박 읽어 봅시다.

화	들	짝
화	들	짝

눈	치	가		없	다
눈	치	가		없	다

매우 깜짝 놀라는 모양을
'화들짝'이라고 표현해요!

뜻을 생각하며 '화들짝'를 넣어 짧은 문장을 지어 봅시다.

준서가 주아의 이름을 부르니
주아가 화들짝 놀랐다.

생활 쏙쏙 내가 우리 동네에서 자주 가거나 좋아하는 장소(가게)를 글과 그림으로 소개해 봅시다.

소개하고 싶은 장소 ______________________________

소개하고 싶은 이유 ______________________________

____

____

음원 재생 찰칵!

13일차 ___월 ___일

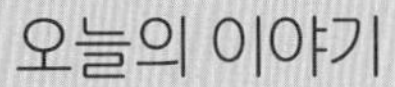

얼마나 쓸모가 많은데요!

#도서관
#끈기
#슬기

"어헛! 선생님은 좀 가만히 계세요. 어차피 없어질 도서관 아닙니까. 쓸모없는 것이 사라지는 건 당연한 거예요."

시장님 말을 듣고 매리엄이 선생님 쪽을 바라보자, 사서 선생님이 고개를 끄덕였어요.

"그래, 매리엄……. 도서관이 곧 없어진단다……."

사서 선생님의 눈에 눈물이 핑 돌았어요. 시장님의 말이 사서 선생님을 더욱 슬프게 한 게 분명했어요.

'사서 선생님을 울게 하다니 시장님은 정말 나빠.'

갑자기 매리엄의 머리로 훅 뜨거운 것이 치밀어 올랐어요. 그러더니 뿔 아래가 근질근질했어요. 무언가 머리를 뚫고 나올 것처럼 입술을 달싹였어요. 손수건으로 눈물을 찍어 누르는 사서 선생님의 모습에, 가슴을 들썩이며 씩씩대던 매리엄이 드디어 참지 못하고 소리 내어 말했어요.

"매에에에! 책이 얼마나 쓸모가 많은데요!"

동화 『101가지 책 사용법』 | 글 박선화 그림 김주경

읽기 쏙쏙 '오늘의 이야기'를 읽고 문어가 든 메달 안에 ○ 하세요.

눈으로 읽기

따라 읽기

혼자 읽기

내용 쏙쏙 읽은 내용을 떠올리며 문제를 해결해 봅시다.

1 시장님이 쓸모없다고 생각하는 곳은 어디인가요? (　　)

① 영화관　　② 도서관　　③ 체육관

'쓸모'는 이용할 만한 정도나 가치를 뜻해요!

2 매리엄은 어떤 동물일까요? (　　)

① 사자　　② 수달　　③ 염소

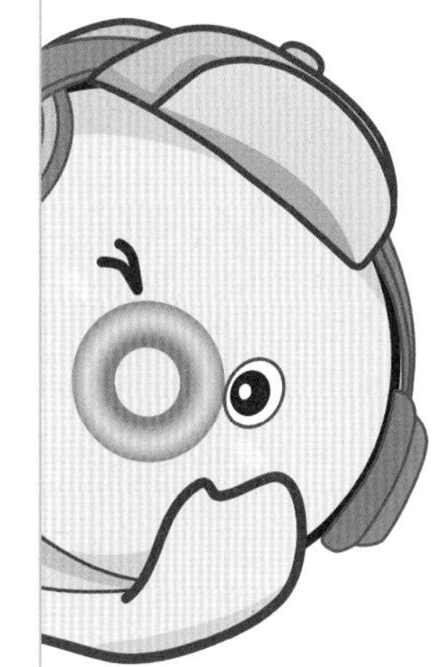

3 매리엄이 쓸모가 많다고 말한 것은 무엇인가요? (　　)

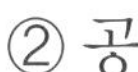

① 뿔　　② 공　　③ 책

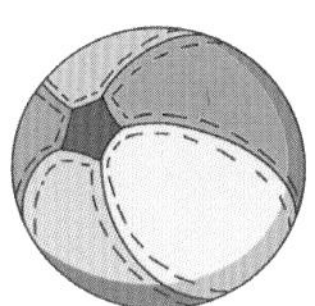

낱말 쏙쏙

낱말을 따라 쓰고 또박또박 읽어 봅시다.

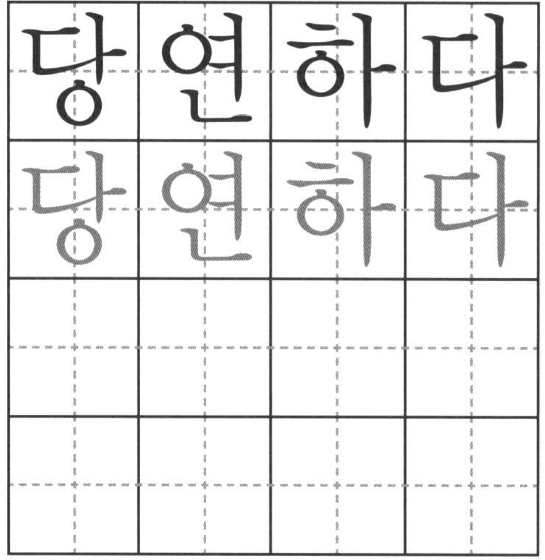

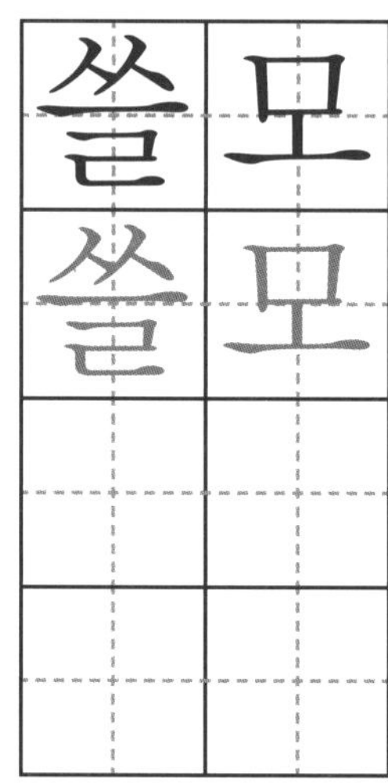

'당연하다'는 것은 어떤 일이 틀림없이 맞거나 마땅히 그러한 것을 뜻해요!

뜻을 생각하며 '당연하다'를 넣어 짧은 문장을 지어 봅시다.

잠을 자지 않으면 졸린 것이 당연하다.

생활 쏙쏙

생활 속에서 헷갈리는 '~데'와 '~대'에 대해 알아보고,
알맞은 것에 ○를 해 봅시다.

~데 내가 경험한 것을 말할 때

- 오, 문어책 너무 좋은데?
- 어제 처음 골을 넣었는데 짜릿했어.

~대 다른 사람을 통해 알게 된 것을 말할 때('다고 해'가 줄어든 말)

- 오늘 급식에 치킨 나온대.
- 우리 5월에 소풍 간대!

문제 1 이 책 읽어 보니까 진짜 재밌던(데/대).

문제 2 매리엄이 얼른 나오면 떡볶이 사준(데/대).

문제 3 엄마한테 들었는(데/대), 오늘 새벽에 눈이 내렸(데/대)!

14일차 월 일

오늘의 이야기

장난으로 그랬어!

#존중 #긍정 #약속 #우정

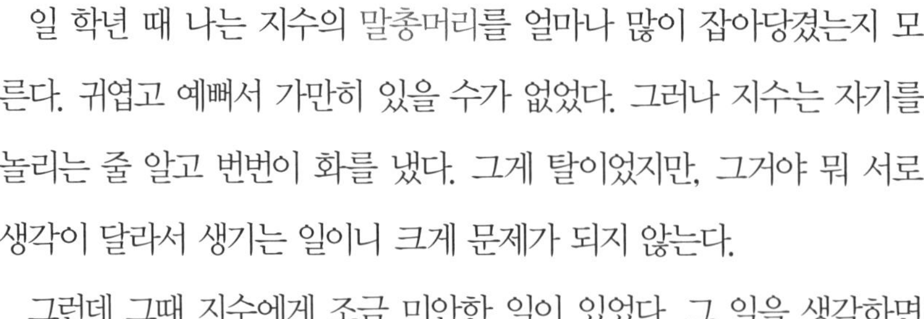

일 학년 때 나는 지수의 말총머리를 얼마나 많이 잡아당겼는지 모른다. 귀엽고 예뻐서 가만히 있을 수가 없었다. 그러나 지수는 자기를 놀리는 줄 알고 번번이 화를 냈다. 그게 탈이었지만, 그거야 뭐 서로 생각이 달라서 생기는 일이니 크게 문제가 되지 않는다.

그런데 그때 지수에게 조금 미안한 일이 있었다. 그 일을 생각하면 자다가도 웃음이 나온다. 야무지고 딱 부러지는 지수가 방귀를 뀌다니, 누군들 웃음이 나오지 않겠는가. 그것도 지수를 꼭 닮은 야무지고 귀여운 방귀 소리, 뽀오옹!

우히힝, 지금도 그 소리를 떠올리면 저절로 코끼리 웃음이 나온다.

"우히힝, 윤지수 방귀 뀌었대요. 뽀오옹!"

방귀 소리까지 흉내 내며 친구들에게 광고를 해 댔으니, 지수가 토라질 게 뻔했다. 하지만 지수의 방귀 소리가 귀엽고 예뻐서 그런 건데 어쩌랴.

동화 『우정 계약서』 | 글 원유순 그림 주미

읽기 쏙쏙 '오늘의 이야기'를 읽고 문어가 든 메달 안에 ○ 하세요.

눈으로 읽기

따라 읽기

혼자 읽기

내용 쏙쏙 읽은 내용을 떠올리며 문제를 해결해 봅시다.

'말총머리'는 하나로 묶은 머리를 뜻해요! 말의 꼬리와 비슷해서 붙여진 이름이에요!

1 나는 왜 지수의 머리를 자주 잡아당겼나요? (　　)

① 지수가 귀엽고 예뻤기 때문에
② 지수와 사이가 좋지 않았기 때문에
③ 지수가 방귀를 뀌었기 때문에

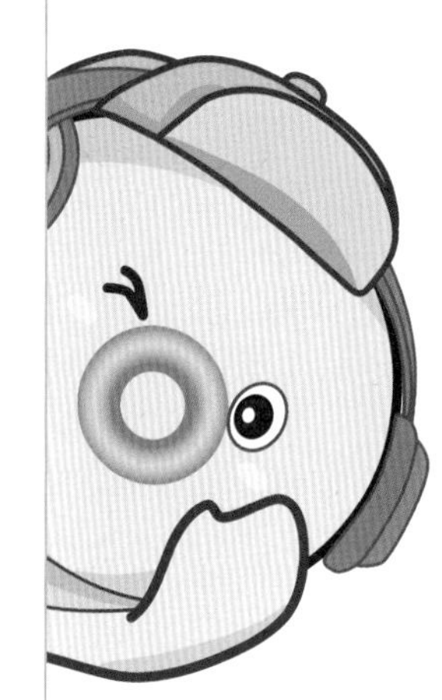

2 지수가 방귀를 뀌자 나는 어떻게 행동했나요? (　　)

① 지수가 방귀 뀐 것을 모르는 척해 줬다.
② 지수가 방귀 뀐 것을 동네방네 소문냈다.
③ 지수에게 방귀 뀌지 말라고 말했다.

3 우리 반에 말총머리를 한 친구는 누가 있는지 찾아보고 이름을 써 보세요.

____

낱말 쏙쏙

낱말을 따라 쓰고 또박또박 읽어 봅시다.

토라지다

토라지다

마음에 들지 않아 싹 돌아서는 것을 '토라지다'라고 표현해요! 비슷한 말로 '삐지다'가 있어요!

뜻을 생각하며 '토라지다'를 넣어 짧은 문장을 지어 봅시다.

엄마가 동생만 새 옷을 사 줘서 언니가 토라졌다.

생활 쏙쏙

친구와 친하게 지내고 싶을 때는 어떻게 행동하는 것이 좋을까요?
둘 중 알맞은 행동에 ○ 하고 선을 이어 미로를 탈출해 봅시다.

싫어하는 별명으로 놀리기

도와주기

칭찬해 주기

때리고 도망가기

친구에게 장난치기

준비물 빌려주기

내 기분만 생각하기

친구의 기분 살피기

용기 있게 잘못을 인정하기

잘못되면 친구 탓하기

15일차 ___월 ___일

오늘의 이야기

베껴 쓴 반성문

#우정 #반성 #양보

선생님이 하늘이의 반성문을 읽을 때 갑자기 눈이 커졌어요.

"하늘이, 너 술 마셨어?"

"예? 아니요."

선생님이 하늘이 종합장을 책상에 탁 내려놓았어요. 관우가 궁금하다는 얼굴로 하늘이 반성문을 슬쩍 읽고는 킥킥 웃었어요. 하늘이는 그만 술 이야기까지 그대로 형 반성문을 다 베껴 썼던 거예요.

"선생님, 저 술 못 마셔요."

"그럼 이건 뭐야?"

"사실은…… 형이 쓴 건데, 형이 학원 빼먹고 술을……. 형 거 따라 쓰다가……."

"그래서 형 거 베꼈니?"

하늘이는 사실대로 말하고 고개를 푹 숙였어요. 땅으로 푹 꺼진 기분이 이런 거라는 걸 처음 알게 되었어요.

동화 『반성문 쓰기의 달인을 찾아라!』 | 글 전은숙 그림 김미연

읽기 쏙쏙 '오늘의 이야기'를 읽고 문어가 든 메달 안에 ○ 하세요.

눈으로 읽기

따라 읽기

혼자 읽기

내용 쏙쏙 읽은 내용을 떠올리며 문제를 해결해 봅시다.

'베끼다'는 남의 글이나 그림을 그대로 옮겨 적거나 그리는 것을 뜻해요!

1 선생님이 하늘이의 반성문을 읽고 깜짝 놀란 이유는 무엇인가요? (　　)

① 하늘이가 술을 마셨다고 반성문에 썼기 때문에
② 하늘이가 반성문을 너무 잘 써 왔기 때문에

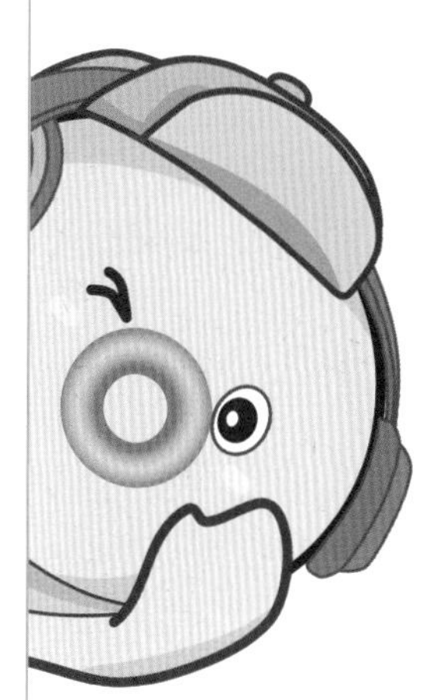

2 하늘이는 누구의 반성문을 베껴 썼나요? (　　)

① 관우　　　② 형　　　③ 누나

3 선생님에게 혼이 난 뒤 '땅으로 푹 꺼진 기분'을 느낀 하늘이의 표정을 상상하여 눈, 코, 입을 그려 보세요.

반성문
반성합니다.
이제 열심히 공부하겠습니다.
이제 학원을 빠지지 않겠습니다.
부모님과 선생님 말씀을 잘 듣겠습니다.
다 잘못했습니다.
술도 마시지 않겠습니다.
진짜 처음이었어요.
김우주 씀.

낱말 쏙쏙

낱말을 따라 쓰고 또박또박 읽어 봅시다.

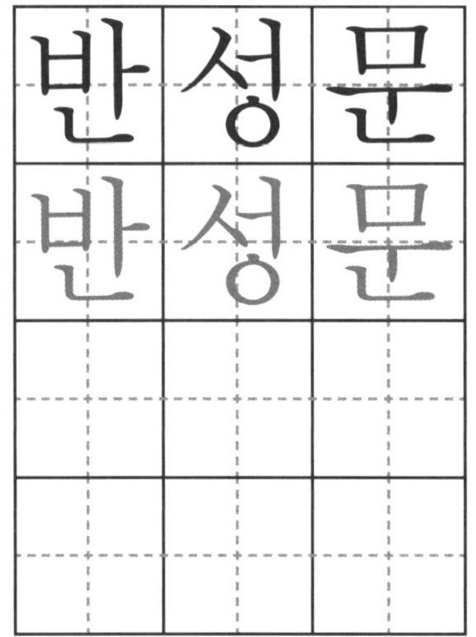

반성문

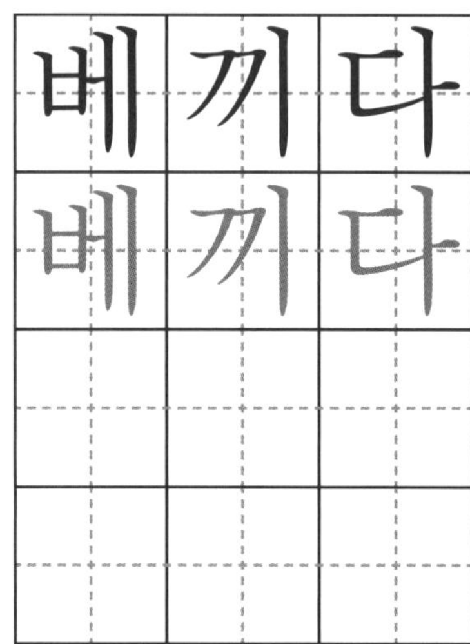

베끼다

자신이 한 말이나 행동에 잘못이 있는지 생각해 보는 것을 '반성'이라고 해요! '반성문'은 반성한 것을 쓴 글입니다!

뜻을 생각하며 '반성'을 넣어 짧은 문장을 지어 봅시다.

친구가 싫어하는 별명으로 놀린 일을 반성해야겠다.

생활 쏙쏙 다음의 반성문 두 편을 읽고 토끼와 문어 중 '진정한 반성'을 한 친구는 누구인지 생각해 이유를 써 봅시다.

토끼의 반성문

〈반성문〉

문어와 다시는 싸우지 않겠습니다. 그런데 저는 억울합니다. 문어가 저에게 먼저 뚱뚱하다고 놀려서 저도 놀린 것뿐입니다. 그래도 선생님이 하지 말라고 하니까 다음부터는 상대하지 않겠습니다.

– 토끼 씀 –

문어의 반성문

〈반성문〉

토끼와 싸우지 않고 사이좋게 지내도록 하겠습니다. 토끼가 싫어하는 것을 알고도 놀린 제 잘못입니다. 앞으로는 친구가 싫어하는 행동을 하지 않겠습니다. 토끼를 놀린 것에 대해 내일 따로 편지를 써서 사과하도록 하겠습니다. 정말 죄송합니다.

– 문어 씀 –

누구의 반성문에 더 진심이 느껴지나요? (　　　　　)

이유 : ______________________________

____

____

____

세 번째 복습 마당

낱말의 첫 글자를 생각하며 첫말 잇기 놀이를 해 봅시다.

예 '아'로 시작하는 낱말은?

아기 아빠 아침 아홉

1 '가'로 시작하는 낱말은?

가방 ____ ____ ____

2 '나'로 시작하는 낱말은?

나무 ____ ____ ____

들려주는 낱말을 잘 듣고 빈칸에 써 봅시다.

① 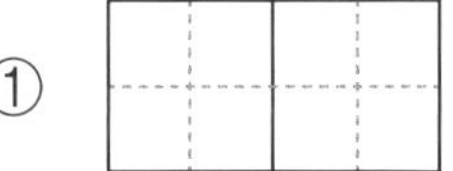

②   

③  

④  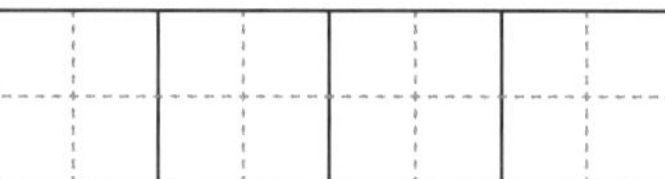

⑤  

같은 글자끼리 같은 색을 칠하고, 빈칸에 알맞은 글자를 써 봅시다.

			말	말						말	말			
			말	베	말	말	말	말	말	베	말			
			말	말	말	말	말	말	말	말	말			
		말	말	말	말	말	말	말	말	말	말	말		
	말	말	말	짝	짝	말	말	말	짝	짝	말	말	말	
	말	말	짝	말	말	짝	말	짝	말	말	짝	말	말	
	말	말	말	말	말	말	말	말	말	말	말	말	말	
	말	말	모	모	말	말	짝	말	말	모	모	말	말	
	말	말	모	모	말	말	말	말	말	모	모	말	말	
		말	말	말	말	말	말	말	말	말	말	말		
			말	말	말	말	말	말	말	말	말			

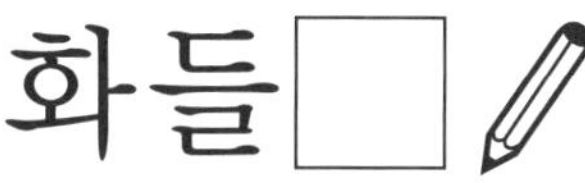

매우 깜짝 놀라는 모양

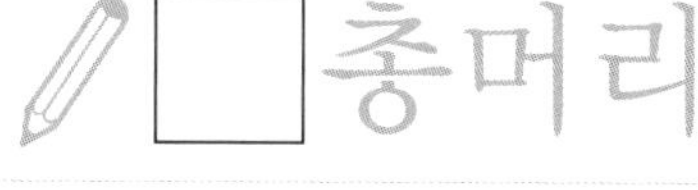

하나로 묶은 머리

이용할 만한 정도나 가치

글이나 그림을 그대로
옮겨 적는 것

16 일차 월 일

오늘의 이야기

찬우야, 나 어떡해

#친구 사귀기 #소원

"수동아, 너 괜찮아?"

수동이는 한숨이 나왔어요. 아무리 좋아하는 찬우라도 지금은 반갑지 않았어요.

"괜찮아."

풀 죽은 목소리로 겨우 대답했지만 교실로 갈 일이 걱정이에요. 멸치 똥만큼 묻었는데 냄새가 날까요? 까칠한 미소는 금방 눈치챌 게 분명해요.

"빨리 나와. 선생님이 너 데려오래."

수동이는 엉거주춤 밖으로 나가 풀 죽은 목소리로 말했어요.

"찬우야, 나 어떡해. 팬티에 똥이 묻었어."

"뭐? 팬티에?"

곰곰이 생각하던 찬우가 말했어요.

"선생님께 말하고 올게."

"어쩌려고?"

수동이는 얼른 찬우 팔을 붙잡았어요.

"걱정 말고 여기서 기다려!"

찬우는 수동이를 다시 화장실 안으로 밀어 넣었어요.

동화 『똥꿈 삽니다』 | 글 전은희 그림 조히

읽기 쏙쏙 '오늘의 이야기'를 읽고 문어가 든 메달 안에 ○ 하세요.

눈으로 읽기

따라 읽기

혼자 읽기

내용 쏙쏙 읽은 내용을 떠올리며 문제를 해결해 봅시다.

1 수동이가 풀이 죽은 목소리로 말한 까닭은 무엇인가요? (   )

① 수업 시간에 늦어서 선생님께 혼이 날까 걱정되었기 때문에

② 팬티에 똥이 묻어 교실에 갈 일이 걱정되었기 때문에

'풀이 죽다'는 기운이나 힘이 빠져 있는 상태를 뜻해요!

2 찬우는 누구에게 도움을 요청하러 갔나요? (   )

① 수동이 부모님 ② 미소 ③ 선생님

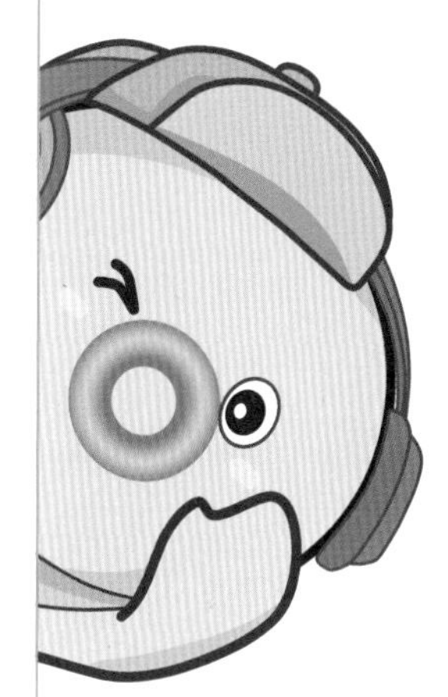

3 다음 장면에 알맞은 인물의 표정을 그려 보세요.

찬우야, 나 어떡해.
팬티에 똥이 묻었어.

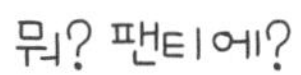

낱말 쏙쏙

낱말을 따라 쓰고 또박또박 읽어 봅시다.

풀	이		죽	다
풀	이		죽	다

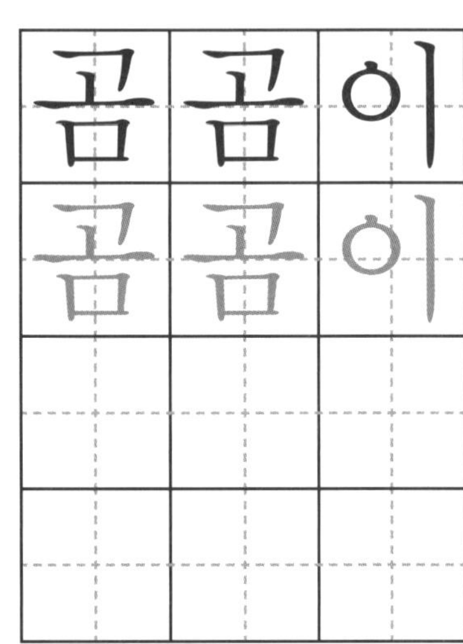

'곰곰이'는 깊이 생각하는 모양을 뜻해요!

뜻을 생각하며 '곰곰이'를 넣어 짧은 문장을 지어 봅시다.

엄마! 곰곰이 생각해 보니 제 잘못이에요.

생활 쏙쏙 생활 속의 헷갈리는 단어 중 알맞은 것을 골라 ○ 하고 선을 이어 찬우가 선생님을 찾아갈 수 있도록 도와줍시다.

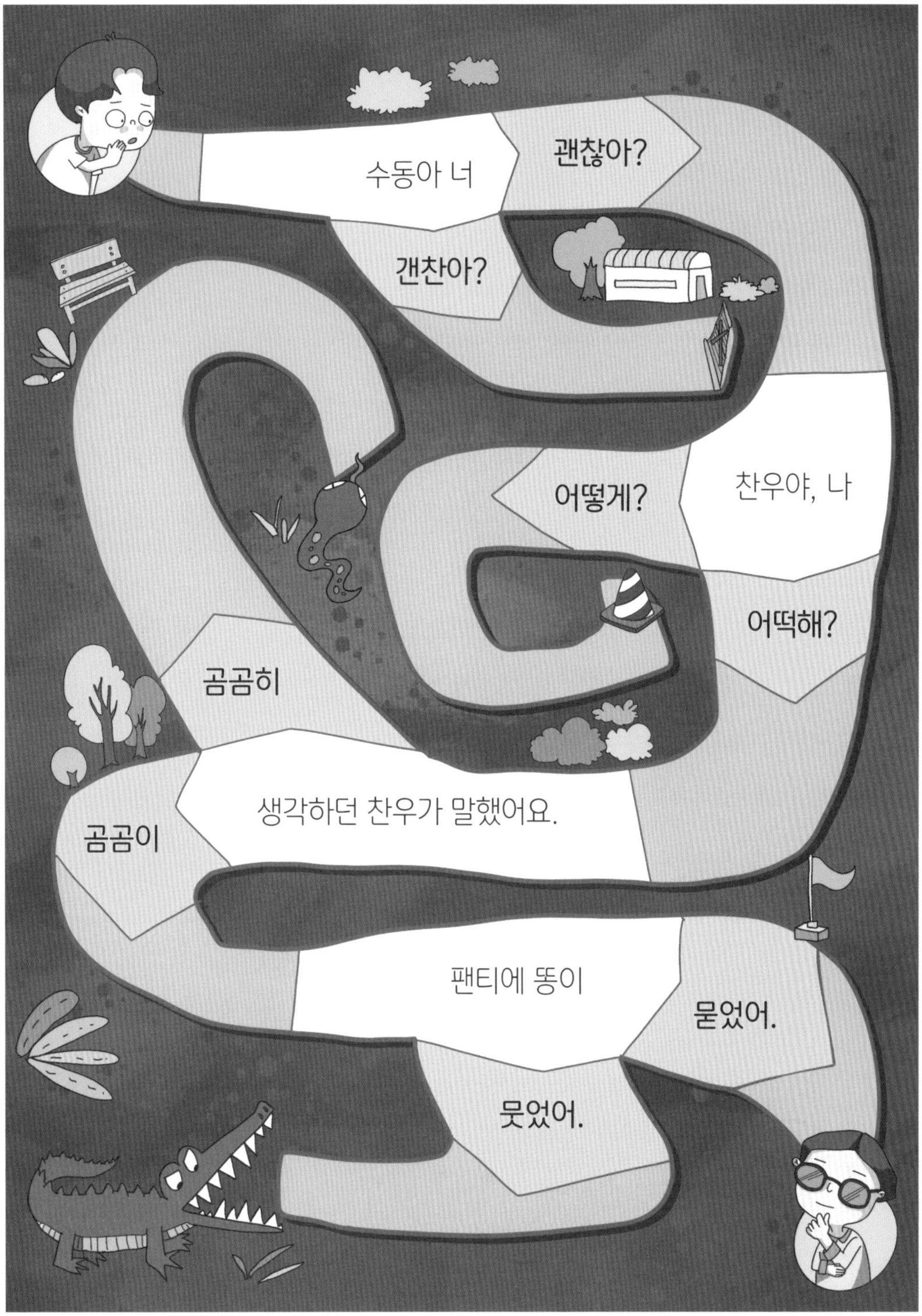

수동아 너

괜찮아?

갠찬아?

어떻게?

찬우야, 나

어떡해?

곰곰히

곰곰이

생각하던 찬우가 말했어요.

팬티에 똥이

묻었어.

뭇었어.

17 일차 ___ 월 ___ 일

오늘의 이야기

엄마 때문에 체할 것 같아

#잔소리
#가족
#엄마

마루는 이해할 수가 없었어요. 왜 어른들은 마음대로 이랬다저랬다 하는 거냐고요. 그래도 어쩌겠어요. 엄마가 하라는 대로 하지 않았다가는 폭풍 잔소리를 듣게 되는걸요.

잠을 못 잔 탓인지 밥알이 꺼끌꺼끌했어요. 입안에 모래가 돌아다니는 것 같았지요.

"왜 밥알을 세고 있어? 얼른얼른 먹어."

그럼 그렇지요. 깨작거리고 있는 마루를 그냥 놔둘 엄마가 아니지요.

"너, 아침이 얼마나 중요한지 알아? 아침을 먹어야 집중력도 좋아지고 살도 안 찐다더라. 엄마가 새벽부터 일어나 힘들게 차려 놓았는데 너는 그거 먹는 게 그렇게 힘드니?"

마루는 보란 듯이 밥을 크게 떠서 입으로 밀어 넣었어요. 볼이 터져라 씹고 있자니 엄마가 이번에는 또 이렇게 말했어요.

"천천히 먹어. 그러다 체하면 어쩌려고 그래?"

'빨리 먹어서가 아니라 엄마 때문에 체할 것 같아.'

마루는 밥과 함께 이 말도 꿀꺽 삼켜 버렸어요.

동화 『잔소리카락을 뽑아라』 | 글 김경미 그림 이주희

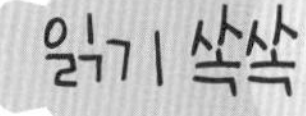

읽기 삭삭 '오늘의 이야기'를 읽고 문어가 든 메달 안에 ○ 하세요.

눈으로 읽기

따라 읽기

혼자 읽기

내용 쏙쏙 읽은 내용을 떠올리며 문제를 해결해 봅시다.

1 잔소리를 하고 있는 사람은 누구인가요? (   )

① 마루

② 엄마

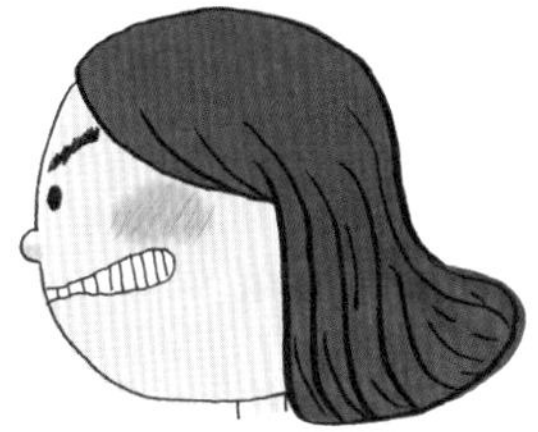

2 마루가 꺼끌꺼끌하다고 느낀 것은 무엇인가요? (   )

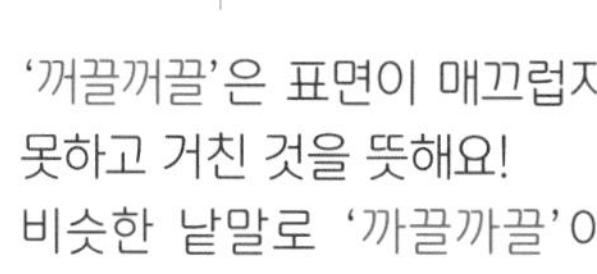
'꺼끌꺼끌'은 표면이 매끄럽지 못하고 거친 것을 뜻해요! 비슷한 낱말로 '까끌까끌'이 있어요!

① 밥알

② 모래

3 엄마에게 잔소리를 들으며 밥을 먹는 마루의 표정을 그려 보세요.

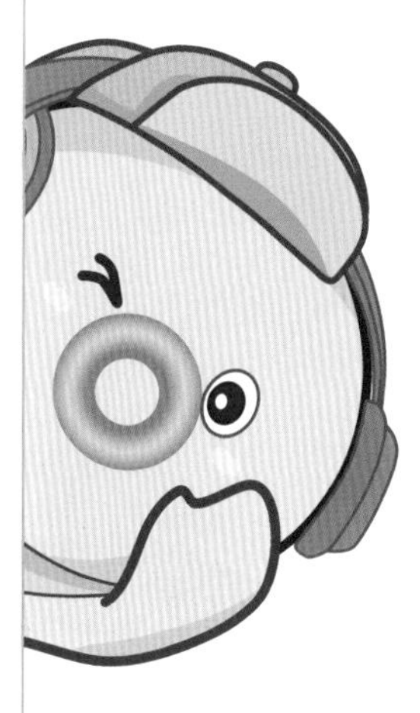

낱말 쏙쏙

낱말을 따라 쓰고 또박또박 읽어 봅시다.

잔	소	리
잔	소	리

듣기 싫지 않은 말을 자꾸 하는 것을 '잔소리'라고 해요!

뜻을 생각하며 '잔소리'를 넣어 짧은 문장을 지어 봅시다.

엄마 잔소리를 없애다니 어림없어요.

생활 쏙쏙 오늘의 이야기를 다시 한번 읽고, 아래 물음에 답해 봅시다.

1 우리 집에서 잔소리를 가장 많이 하는 사람은 누구인지 생각해 보고 잔소리 할 때의 표정을 그려 보세요.

잔소리를 가장 많이 하는 사람은

________________ 입니다.

2 내가 가장 듣기 싫은 잔소리 3가지를 적어 보세요.

① ______________________________

② ______________________________

③ ______________________________

오늘의 이야기

길 잃은 강아지

#가족 #집 #사랑

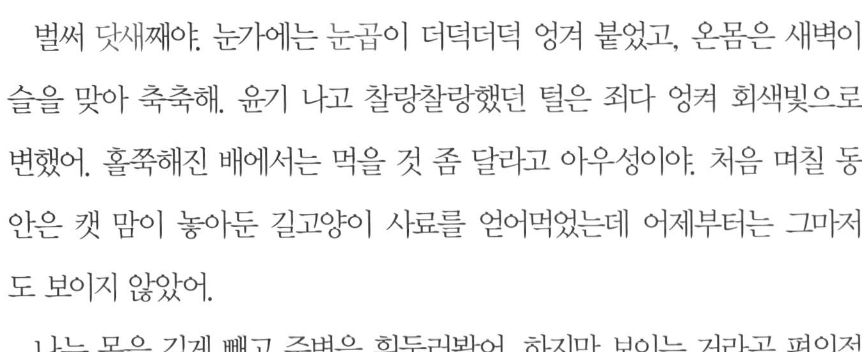

벌써 닷새째야. 눈가에는 눈곱이 더덕더덕 엉겨 붙었고, 온몸은 새벽이슬을 맞아 축축해. 윤기 나고 찰랑찰랑했던 털은 죄다 엉켜 회색빛으로 변했어. 홀쭉해진 배에서는 먹을 것 좀 달라고 아우성이야. 처음 며칠 동안은 캣 맘이 놓아둔 길고양이 사료를 얻어먹었는데 어제부터는 그마저도 보이지 않았어.

나는 목을 길게 빼고 주변을 휘둘러봤어. 하지만 보이는 거라곤 편의점 쓰레기통에 매달려 짧은 다리를 허우적대는 점박이 개뿐이었어. 고린내가 날 것 같긴 한데……. 걔한테라도 물어보는 수밖에. 일단 코부터 막고.

"긍처에서 추꾸장 봥니?"

그러자 점박이 개가 입 주변에 라면 찌꺼기를 잔뜩 묻힌 채 돌아봤어. 웩! 얼굴이 절로 찌푸려졌지.

"웬 귀여운 척? 무슨 말인지 하나도 못 알아듣겠잖아. 다시 말해 봐."

킁킁, 찝찝하고 구린 냄새 때문에 숨쉬기 어려웠지만 꾹 참고 물었어.

"근처에서 축구장 봤니?"

동화 『집으로 가는 길』 | 글 김은아 그림 박재현

읽기 쏙쏙 '오늘의 이야기'를 읽고 문어가 든 메달 안에 ○ 하세요.

눈으로 읽기

따라 읽기

혼자 읽기

내용 쏙쏙 읽은 내용을 떠올리며 문제를 해결해 봅시다.

'닷새'는 5일을 뜻하는 말이에요!

1 주인공은 며칠째 밖에서 길을 헤매고 있나요? (   )

① 하루 ② 닷새

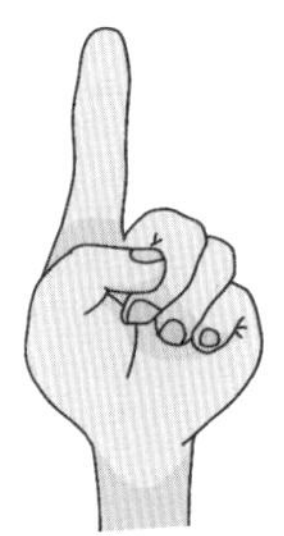
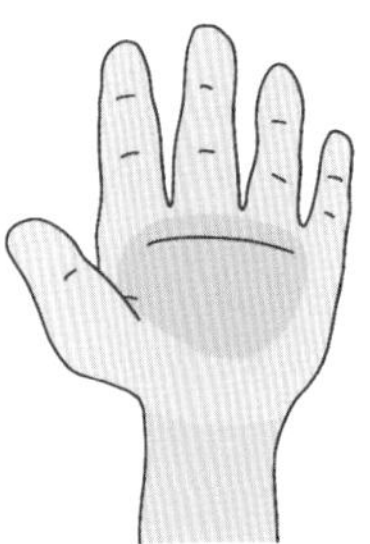

2 주인공은 점박이 개에게 어느 곳의 위치를 물어보았나요? (   )

① 축구장 ② 슈퍼마켓

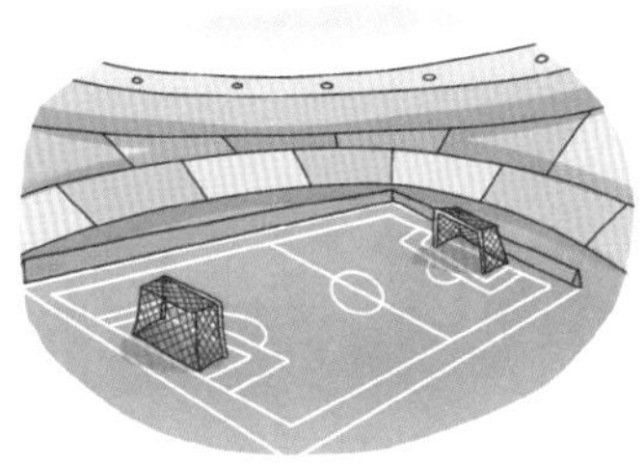

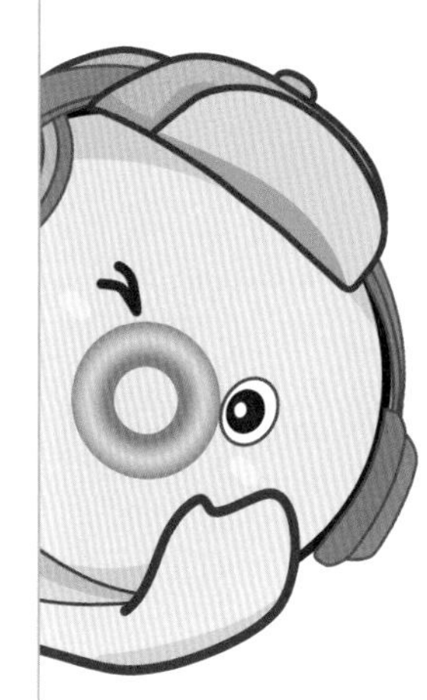

3 주인공의 대사인 "궁처에서 추꾸장 빵니?"를 맞춤법에 맞게 써 보세요.

낱말 쏙쏙

낱말을 따라 쓰고 또박또박 읽어 봅시다.

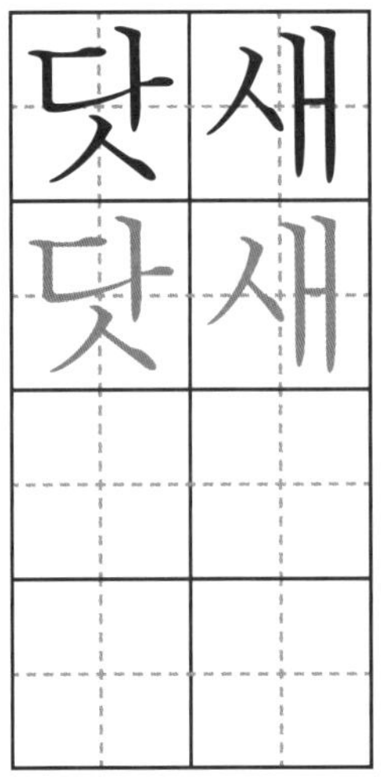

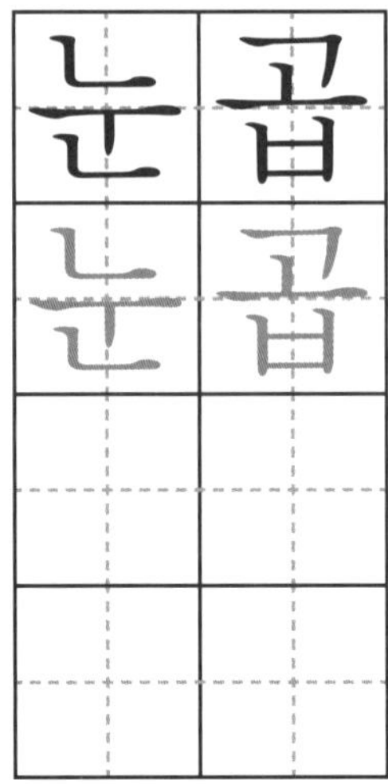

주인공을 설명한 글을 읽고, 생김새를 상상하여 강아지 얼굴을 그려 봅시다.

'눈곱'은 눈에서 나오는 액 또는 그것이 말라 붙은 것을 뜻해요!

눈가에는 눈곱이 더덕더덕 엉겨 붙었고, 온몸은 새벽이슬을 맞아 축축해. 윤기 나고 찰랑찰랑했던 털은 죄다 엉켜 회색빛으로 변했어. 홀쭉해진 배에서는 먹을 것 좀 달라고 아우성이야.

생활 쏙쏙 순우리말로 날짜를 세는 방법을 알아보고 (   ) 안에 어떤 낱말이 들어갈지 짐작하여 써 봅시다.

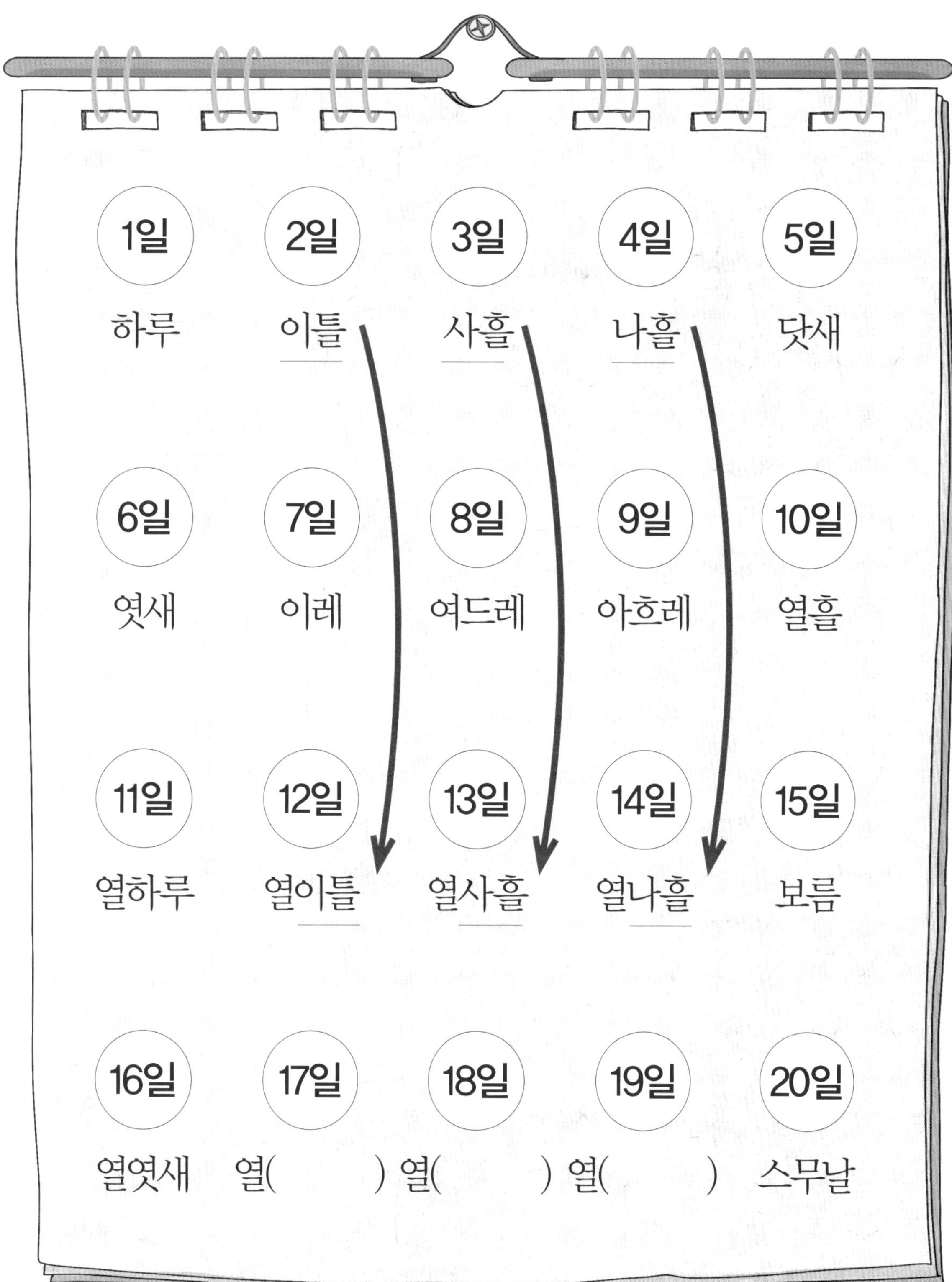

● **하나 더!** 30일은 '그믐'이라고 해요.

음원 재생 찰칵!

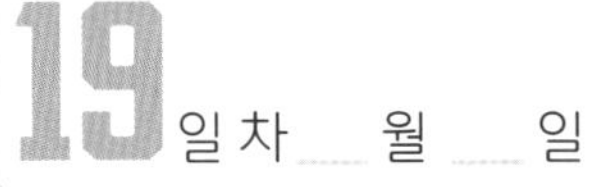

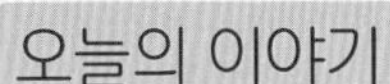

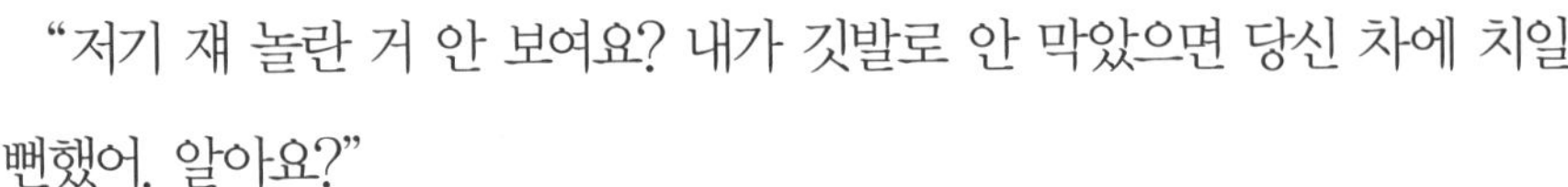

#양성평등
#교통안전
#성 역할

"저기 쟤 놀란 거 안 보여요? 내가 깃발로 안 막았으면 당신 차에 치일 뻔했어. 알아요?"

"놀라긴 뭘 놀라. 멀쩡하구먼!"

아저씨 말대로 차에 부딪힐 뻔했다는 도영이는 다친 데 없이 멀쩡했어요. 아니, 멀쩡한 정도가 아니라 휴대 전화로 게임하느라 정신이 없었어요. 그 와중에 싸움 구경 놓칠세라 한 번씩 고개를 쳐드는 모양이 아빠 차에 있는 까딱 인형 같았어요.

하민이는 부글부글 화가 났어요. 아빠가 누구 때문에 싸우게 됐는지 알 것 같았어요. 멈춰 선 차들이 빵! 빵! 소리를 내기 시작했어요. 몇몇 어른들은 차창 밖으로 고개를 내밀고 소리쳤어요.

"아니, 바빠 죽겠는데 지나가는 차 다 세우고 지금 뭐 하는 거예요!"

아빠는 한마디도 지지 않았어요.

"보면 모르세요? 교통 지도 하잖아요. 안 그래도 공사 차량 때문에 위험한데, 불법 주차에, 신호 위반에, 과속까지! 어린이 보호 구역에서 이게 뭡니까!"

동화 『녹색아버지가 떴다』 | 글 홍민정 그림 김미연

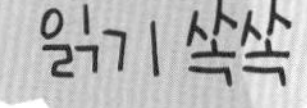

'오늘의 이야기'를 읽고 문어가 든 메달 안에 ○ 하세요.

눈으로 읽기 → 따라 읽기 → 혼자 읽기

내용 쏙쏙 읽은 내용을 떠올리며 문제를 해결해 봅시다.

1 하민이 아빠가 아저씨의 차를 깃발로 막은 까닭은 무엇일까요? (　　)

① 도영이가 길을 건너다 넘어졌기 때문에

② 도영이가 차에 부딪힐 뻔했기 때문에

'불법'은 법에 어긋나는 것을 뜻해요!

2 도영이의 모습을 본 하민이는 어떤 마음인가요? (　　)

① 감동하다　　② 창피하다　　③ 화나다

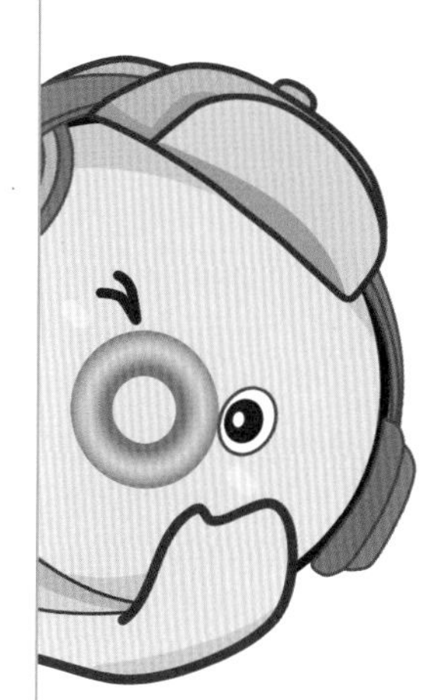

3 하민이 아빠가 어린이 보호 구역과 관련해 위험하다고 생각하는 것을 모두 찾아 ∨ 해 보세요.

☐ **신호 위반** : 신호등의 신호를 지키지 않는 것

☐ **노란 신호등** : 어린이 보호 구역의 신호등 테두리가 노란색인 것

☐ **불법 주차** : 차를 세우면 안 되는 곳에 주차하거나 멈추는 것

☐ **과속** : 정해진 속도보다 빠르게 운전하는 것

☐ **교통 지도** : 어린이들의 안전한 등하교를 위해 어른들이 봉사하는 것

낱말 쏙쏙 낱말을 따라 쓰고 또박또박 읽어 봅시다.

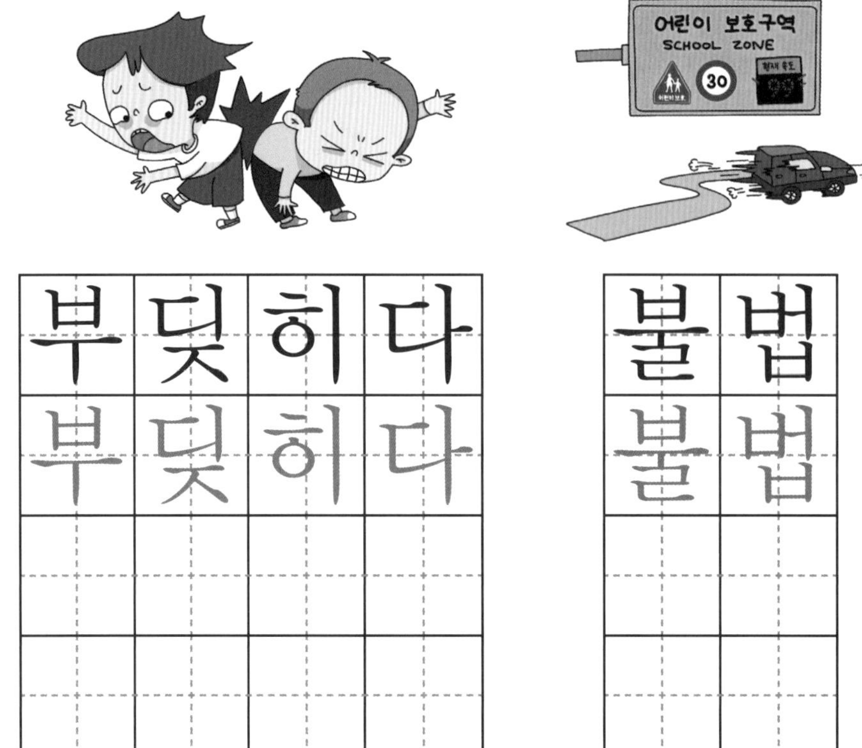

다른 힘에 의해 움직이게 되는 것을 '부딪히다'라고 표현해요! 보다 능동적으로 표현할 때는 '부딪치다'를 쓰기도 해요!

뜻을 생각하며 '부딪히다'를 넣어 짧은 문장을 지어 봅시다.

급히 서두르다가 지나가는 사람과 부딪혔다.

생활 쏙쏙 '불(不)'로 시작하는 낱말에 대해 알아봅시다.

'불'은 한자로 '不'(이)라 나타내요.
'不'은 '아니다, 못하다'라는 뜻을 가지고 있어요.
그래서 어떤 낱말이 가진 뜻을 반대로 만들어 주는 역할을 한답니다.

불법(不 法) : 법이 아니다(=법에 어긋나다).
아니 불 법 법

불편(不 便) : 편하지 아니하다.
아니 불 편할 편

불행(不 幸) : 행복하지 아니하다.
아니 불 행복할 행

다음 □□에 들어갈 글자는 무엇일지 생각해 써 봅시다.

: 통하지 아니하다.

不 通

[힌트] 고집이 너무 센 사람을 '고집□□'이라고 표현해요.

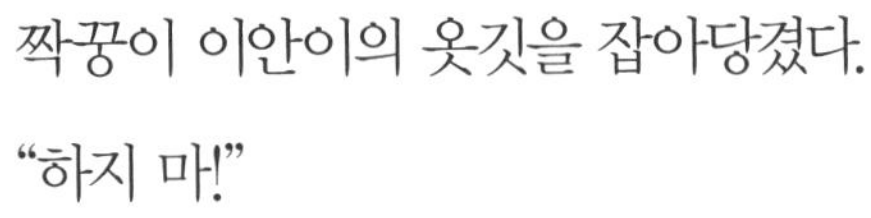

감정 구슬

#감정 #행복

짝꿍이 이안이의 옷깃을 잡아당겼다.

"하지 마!"

미간에 주름을 잡으며 이안이가 말했다.

짜증 섞인 말투로 언성을 높이자, 목에 매달린 펜던트가 반짝, 빛을 냈다. 행여나 구슬이 튀어나올까 겁이 난 이안이가 얼른 고개를 저었다. 그런데도 짝꿍은 환한 웃음꽃을 피워 올린 채 이안이의 옷깃을 또 한 번 잡아당겼다. 쭉! 그 순간, 이안이가 끙, 소리를 내며 펜던트를 내려다봤다. 보랏빛이 슬쩍 새어 나오는 걸 보자 입안이 바짝 말라 갔다. 전혀 쓸모없는 보라색 구슬이 나오려는 게 틀림없었다.

이안이가 살고 있는 '행복 도시' 시민들은 모두 펜던트를 목에 걸고 있다. 진한 감정을 느낄 때마다 펜던트가 빛을 내며 감정을 나타내는 구슬을 톡 뱉어 낸다. '행복 구슬'은 투명한 색, '분노 구슬'은 빨간색, '슬픔 구슬'은 파란색, '좌절 구슬'은 검정색, '짜증 구슬'은 보라색이다. 그중 행복 구슬은 모든 사람들의 환영을 받는 반면, 다른 구슬들은 철저히 무시되고, 숨겨진다.

동화 『행복 도시』 | 글 신은영 그림 심윤정

읽기 쏙쏙 '오늘의 이야기'를 읽고 문어가 든 메달 안에 ○ 하세요.

눈으로 읽기

따라 읽기

혼자 읽기

내용 쏙쏙 읽은 내용을 떠올리며 문제를 해결해 봅시다.

'분노'는 몹시 분하게 여겨서 성내는 것을 뜻해요!

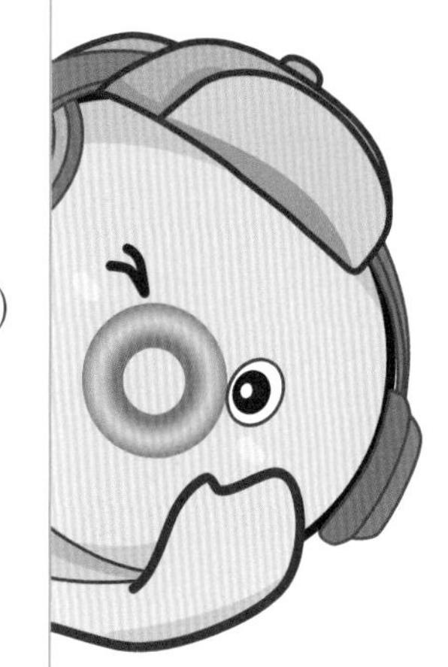

1 이안이가 짜증이 난 이유는 무엇인가요? (　　)

① 선생님에게 혼이 났기 때문에

② 짝꿍이 계속 옷깃을 잡아당겼기 때문에

2 이안이의 펜던트에서는 어떤 색의 구슬이 나오려고 했나요? (　　)

① 빨간색

② 보라색

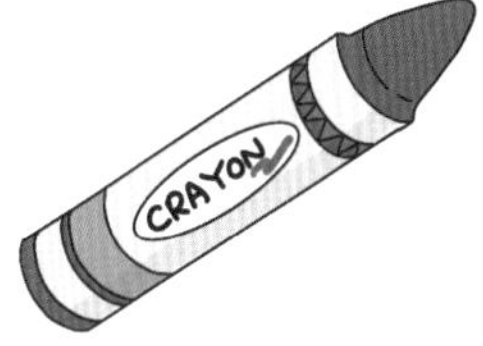

3 '행복 도시' 펜던트의 구슬과 감정을 알맞게 연결해 보세요.

투명 •	• 짜증
빨강 •	• 슬픔
파랑 •	• 행복
검정 •	• 좌절
보라 •	• 분노

낱말 쏙쏙 낱말을 따라 쓰고 또박또박 읽어 봅시다.

'미간'은 두 눈썹의 사이를 말해요!

'미간'이 어디에 위치하는지 ○로 표시해 봅시다.

생활 쏙쏙 오늘 나의 기분을 표정으로 그리고 펜던트의 구슬에 알맞은 색을 칠해 봅시다.

오늘 내 기분은

(　　　　　　) 감정이에요.

네 번째 복습 마당

주어진 낱말의 특징을 생각하며 알맞은 낱말을 넣어 같은 말로 이어 말하기 놀이를 해 봅시다.

예 ~가 크다.

코끼리가 크다. / 비행기가 크다. / 산이 크다. / 냉장고가 크다.

1 ~가 작다.

__________ __________ __________ __________

2 ~가 길다.

__________ __________ __________ __________

들려주는 낱말을 잘 듣고 빈칸에 써 봅시다.

①

② 

③ 

④ 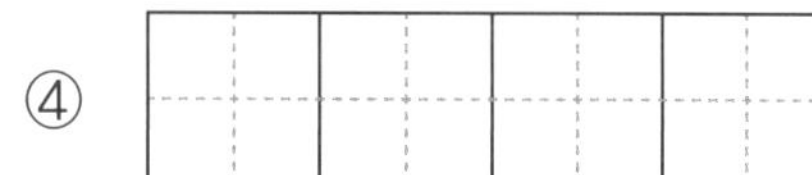

⑤ 

가로와 세로에 알맞은 낱말을 써넣으며 십자말풀이의 빈칸을 채워 봅시다.

1			1				2
2				3			
	4					5	
						5	

<가로>

1. 기운이나 힘이 빠져 있는 상태 (힌트 77쪽)
2. 5일의 순우리말 (힌트 85쪽)
3. 법에 어긋나는 것 (힌트 89쪽)
4. 두 눈썹 사이 (힌트 94쪽)
5. 무지개의 3번째 색, 개나리의 색

<세로>

1. 도토리를 좋아하는 갈색 동물, 청설모와 비슷하게 생긴 동물
2. 표면이 매끄럽지 못하고 거친 촉감, '까끌까끌'과 비슷한 말 (힌트 81쪽)
3. 편안하다의 반대말, ○○하다. (힌트 91쪽)
4. 오감 중 맛을 느끼는 감각, 시각·청각·후각·촉각·○○
5. 화가 난 감정 (힌트 93쪽)

동화로 키우는
문해력 어휘력 발달 프로젝트

1일 차 내 짝꿍 마귀할멈

내용 쏙쏙	1. ②　2. 학교 3. □ ○ □
낱말 쏙쏙	(예시) 셔츠가 헐렁하다. 바지가 헐렁하다.
생활 쏙쏙	비슷한 의미, 반대의 의미를 정확히 이해하며 낱말을 따라 써 보세요.

내용 쏙쏙 도움말

1. (7번째 줄) "이 김점분이가 핵교에도 다 댕기고!"
   (9번째 줄) 웬 할머니가 커다란 책가방을 메고 교문으로~
2. '사투리'는 어느 한 지방에서만 쓰는 말로, 표준어가 아닌 말이에요.
3. (10번째 줄) 헐렁한 청바지에 꽃무늬 티셔츠를 입고서요.

2일 차 래퍼 할머니

내용 쏙쏙	1. 산 내 초 교　2. 너희들 3. (예시) 래퍼 할머니와 함께 학교에 다니는 친구들은 정말 즐거울 것 같아요. 왜냐하면 멋진 랩을 들을 수 있을 테니까요. 늦게라도 배우겠다는 래퍼 할머니, 존경합니다.
낱말 쏙쏙	(예시) 누나는 나와 똑같은 음식을 골랐다.
생활 쏙쏙	'속담'은 예로부터 전하여 오는, 교훈이 담긴 짧은 글이에요.

내용 쏙쏙 도움말

1. (5번째 줄) 나도 니들과 똑같은 산내 초교 학생.
2. '니들'은 래퍼 할머니가 '너희들'을 표준어가 아닌 입말체로 표현한 말이에요. 듣는 이가 친구나 아랫사람일 때 '너희'라고 불러요.
3. 상대방에게 내 마음을 잘 전달하려면 상황에 알맞은 말을 예의 바르게 써야 해요.

3일 차 야, 빨리 물 내려!

내용 쏙쏙	1. ②　2. ① X　② X　③ O　④ X　⑤ O
낱말 쏙쏙	(예시) 나는 엉겁결에 소리쳤다.
생활 쏙쏙	

내용 쏙쏙 도움말

1. (3~4번째 줄) 팬티를 내리자 참았던 똥 덩어리가 후드득 쏟아졌어요.
2. 내가 화장실에서 똥을 눌 때 친구가 어떤 행동을 하면 괜찮고, 어떤 행동을 하면 싫을지 생각해 보세요.

4일 차 시들지 않은 화분

내용 쏙쏙	1. ②　2. ① 3. (예시) 시우야, 안녕? 네가 그동안 우리 반 화분에 물을 주고 있었다는 걸 알았어. 네 덕분에 내 식물이 죽지 않고 잘 자랐어. 정말 고마워!
낱말 쏙쏙	(예시) 나는 아침에 어떤 옷을 입을지 고민하며 머뭇거렸다
생활 쏙쏙	낱말의 뜻을 생각하며 만화를 재미있게 읽어 보세요.

내용 쏙쏙 도움말

1. (9~10번째 줄) "실은…… 내가 줬어. 많이 시들어 있길래. 말도 안 하고 줘서 미안."
2. (13번째 줄) 시우가 다른 식물들도 돌봐 준 것 같아요.
3. 상대방에게 내 마음을 잘 전달하려면 상황에 알맞은 말을 예의 바르게 써야 해요.

5일 차 마음에도 맛이 있다면

내용 쏙쏙	1. ② 2. ② 3. (예시) 사탕
낱말 쏙쏙	(예시) 누나가 호두를 와드득 깨물었다.
생활 쏙쏙	팁! 평소 잘 사용하지 않는 표현의 의미를 이해하고 사용하면 어휘가 풍부해져요.

내용 쏙쏙 도움말

1. (시 2연) 와드득 깨물었더니
2. (시 7연) 마음에도 맛이 있다면 좋겠어.
3. 건강한 치아를 위해 달콤한 음식을 먹은 뒤에는 깨끗이 이 닦는 습관을 들여야 해요.

첫 번째 복습 마당

(예시)
1. 사과 → 과자 → 자전거 → 거위
2. 아기 → 기차 → 차고 → 고릴라

할	머	니	표	테	급	보	엉	집	잎
아	팔	쁜	구	그	고	영	겁	기	로
버	보	기	존	중	크	지	결	음	류
지	칸	당	와	드	득	정	에	사	민
꿈	배	볶	사	산	구	이	마	룩	꼬
이	해	마	와	시	요	감	인	되	부
네	동	의	삭	치	미	사	르	쓸	랑
펄	생	생	하	다	디	복	도	게	개
기	만	습	히	두	뷰	홀	말	사	랑
사	뭄	머	뭇	거	리	다	안	편	항

① 달콤하다 ② 똑같이 ③ 마침내
④ 입을 떼다 ⑤ 헐렁하다

6일 차 사물함 정리의 달인

내용 쏙쏙	1. ① 2. ③ 3. ②
낱말 쏙쏙	(예시) 나는 서랍 속에 있던 교과서를 착착 정리했다.
생활 쏙쏙	① 착착 ② 뒤뚱뒤뚱 ③ 시원한 ④ 아름다운

내용 쏙쏙 도움말

1. (3번째 줄) 칫솔, 치약, 컵까지 교실 바닥에 나뒹굴었어요.
   (6~7번째 줄) 빈 곳에는 줄넘기를 돌돌 말아 넣고,
2. (11번째 줄) 내 마음도 개운해졌어요.
3. (6~7번째 줄) 예림이는 교과서를 세워 착착 정리했어요.
   빈 곳에는 줄넘기를 돌돌 말아 넣고, 컵에 칫솔과 치약을 꽂았어요.

7일 차 무엇을 먹을까?

내용 쏙쏙	1. ③ 2. 어묵 핫도그 떡볶이 붕어빵 떡꼬치 3. ① X ② O ③ O
낱말 쏙쏙	(예시) 방학이 금세 지나갔다.
생활 쏙쏙	(예시) 토끼 지갑을 살까? 아니, 곰 지갑이 나을까?

내용 쏙쏙 도움말

1. 인물들이 핫도그와 떡꼬치를 사는 장면을 통해 이야기 속 장소가 분식집이라는 것을 추측할 수 있어요.
2. (4~5번째 줄) 민희는 뭘 먹을지 고민이 됐어요. 서연이를 보면 핫도그가 먹고 싶다가도 정우를 보면 매콤한 떡꼬치도 맛나 보였거든요.
3. (12~14번째 줄) 정우는 민희가 핫도그랑 떡꼬치 사이에서 갈팡질팡할 때마다 늘 말없이 기다려 주었어요. 핫도그를 고른 뒤에 "떡꼬치를 먹을걸." 하고 후회하면 얼른 자기 떡꼬치 하나를 빼서 나눠 주었지요.

8일 차 나는 도둑이 아니야!

내용 쏙쏙	1. ① 2. ② 3. (예시)
낱말 쏙쏙	(예시) 하늘에서 떨어지는 악몽을 꾼 적이 있어요.
생활 쏙쏙	같은 낱말의 두 가지 뜻을 생각하며 만화를 재미있게 읽어 보세요. 소리는 같으나 뜻이 다른 낱말을 '동음이의어'라고 해요.

내용 쏙쏙 도움말

1. (12~13번째 줄) 도둑으로 몰리는 꿈이었다. 며칠 동안 같은 악몽에 시달리고 있었다.
2. (5번째 줄) 아이들 얼굴도 낯설었다.
3. 억울한 표정의 눈, 코, 입을 그려 넣어 보세요.

9일 차 레오의 기막힌 생각

내용 쏙쏙	1. ① 2. ② 3. ③
낱말 쏙쏙	(예시) 동생의 말이 기막히다.
생활 쏙쏙	첫 번째 (예시) 두 번째 (예시)

내용 쏙쏙 도움말

1. (1~2번째 줄) "지금 놀이터에서 만나자."
2. (3~4번째 줄) 하지만 민재가 꼭 보여 주고 싶어 하는 것 같아서 알겠다고 했다.
3. (13~16번째 줄) "난 눈에 보이지 않는 걸 수집할 거야. (중략) 엄마 잔소리!"

10일 차 나도 단짝이 있으면 좋겠어

내용 쏙쏙	1. ② 2. ③ 3. 속상함
낱말 쏙쏙	(예시) 급식을 남기자 친구들이 나를 힐긋 쳐다보았다.
생활 쏙쏙	(예시) 축구를 하고 싶어, 게임을 하고 싶어, 리코더를 연주하고 싶어, 젠가를 하고 싶어 등

내용 쏙쏙 도움말

1. (5번째 줄) 나도 단짝이 있으면 좋겠어요.
2. (11번째 줄) "나, 노을이네 집에 놀러 가기로 했는데?"
3. 주아의 대답을 들은 주인공이 "아……."라고 실망한 듯한 말을 하는 것으로 봐서 속상하다는 것을 알 수 있어요.

두 번째 복습 마당

첫 번째 다섯고개 : 토끼
두 번째 다섯고개 : 장미
(예시)
세 번째 다섯고개 : 꿀벌
나는 곤충입니다. → 나는 하늘을 날아요. →
나는 육각형 방에 살아요. → 나는 꽃과 도움을 주고받아요.
→ 나는 꿀을 좋아해요.

① 깨끗하다 ② 금세 ③ 악몽 ④ 수집 ⑤ 힐긋

미션을 해결하며 가족이나 친구와 재미있게 땅따먹기 놀이를 해 보세요.

11일 차 고양이를 구한 소년

내용 쏙쏙	1. ① 2. ② 3. 한결이의 배 위
낱말 쏙쏙	(예시) 한결이는 갑자기 공에 맞아 어안이 벙벙했다.
생활 쏙쏙	만약 보기에 없는 것 중 갖고 싶은 초능력이 있다면 무엇인지, 그 이유는 무엇인지 말해 보세요.

내용 쏙쏙 도움말

1. (2~3번째 줄) 한결이의 몸이 공중으로 떠올랐어요.
2. (10번째 줄) "봤어? 저 아이가 고양이를 구했어."
3. (14~15번째 줄) 볼록한 배 위에 아기 고양이가 편안한 자세로 엎드려 있었어요.

12일 차 어떻게 알았어?

내용 쏙쏙	1. ② 2. 주아가 준서를 좋아하는 것 ① 준서 말에 주아 얼굴이 빨개졌어요. ② 주아가 준서의 모습을 빤히 바라보았어요. 3. ③
낱말 쏙쏙	**(예시)** 나는 천둥 소리에 화들짝 놀랐다.
생활 쏙쏙	내가 좋아하는 장소를 글로 써서 소개하고 그림으로 꾸며 보세요. **(예시)** 

내용 쏙쏙 도움말

1. (1~2번째 줄) "어? 주아네 집이랑 우리 집이랑 가깝네." 준서 말에 주아 얼굴이 조금 빨개졌어요.
2. (8~12번째 줄) 주아가 화들짝 놀랐어요. (중략) "내가 준서 좋아하는 거."
3. (14~15번째 줄) 이래서 엄마가 나보고 눈치가 없다고 그러나 봐요.

13일 차 얼마나 쓸모가 많은데요!

내용 쏙쏙	1. ② 2. ③ 3. ③
낱말 쏙쏙	**(예시)** 밥을 안 먹으면 배고픈 게 당연하다.
생활 쏙쏙	문제 1. (데)/ 대 문제 2. 데 /(대) 문제 3. (데)/ 대, 데 /(대)

내용 쏙쏙 도움말

1. (1~2번째 줄) "어차피 없어질 도서관 아닙니까. 쓸모없는 것이 사라지는 건 당연한 거예요."
2. (9~10번째 줄) 그러더니 뿔 아래가 근질근질했어요.
3. (15번째 줄) "책이 얼마나 쓸모가 많은데요!"

14일 차 장난으로 그랬어!

내용 쏙쏙	1. ① 2. ② 3. 하나로 머리를 묶은 친구의 이름 쓰기
낱말 쏙쏙	**(예시)** 친구가 나를 생일 파티에 초대해 주지 않아서 토라졌다.
생활 쏙쏙	

내용 쏙쏙 도움말

1. (2번째 줄) 귀엽고 예뻐서 가만히 있을 수가 없었다.
2. (11~12번째 줄) 방귀 소리까지 흉내 내며 친구들에게 광고를 해 댔으니, 지수가 토라질 게 뻔했다.
3. '말총머리'의 낱말 뜻을 다시 한번 확인해 보세요.

15일 차 베껴 쓴 반성문

내용 쏙쏙	1. ① 2. ② 3. **(예시)**
낱말 쏙쏙	**(예시)** 동생에게 소리를 꽥 지른 것을 반성했다.
생활 쏙쏙	**문어,** 자신이 잘못한 점에 대해 솔직하게 인정하고 앞으로의 행동을 잘하겠다고 다짐했다. **팁!** 반성을 할 때는 자신이 잘못한 점을 솔직하게 인정하고 사과해야 해요. 또한 남의 탓을 하기보다는 앞으로 변할 자신의 행동에 대한 다짐을 하는 것이 좋아요.

내용 쏙쏙 도움말

1. (2번째 줄) "하늘이, 너 술 마셨어?"
2. (6번째 줄) 술 이야기까지 그대로 형 반성문을 다 베껴 썼던 거예요.
3. 하늘이의 속상한 표정을 그려 보세요.

세 번째 복습 마당

(예시)
1. 가방 → 가면 → 가위 → 가족
2. 나무 → 나라 → 나침반 → 나팔꽃

① 공중 ② 눈치가 없다 ③ 당연하다
④ 토라지다 ⑤ 반성문

화들[짝]

[말]총머리

쓸[모]

[베]끼다

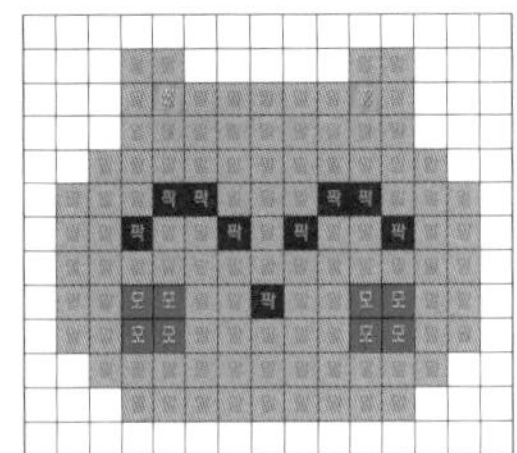

16일 차 찬우야, 나 어떡해

내용 쏙쏙	1. ② 2. ③ 3. (예시)
낱말 쏙쏙	(예시) 나는 주말에 있었던 일을 곰곰이 생각했다.
생활 쏙쏙	

내용 쏙쏙 도움말

1. (5~6번째 줄) 풀 죽은 목소리로 겨우 대답했지만 교실로 갈 일이 걱정이에요. 열치 똥만큼 묻었는데 냄새가 날까요?
   (9번째 줄) "찬우야, 나 어떡해. 팬티에 똥이 묻었어."
2. (11~12번째 줄) 곰곰이 생각하던 찬우가 말했어요. "선생님께 말하고 올게."
3. 수동이는 당황한 표정, 찬우는 놀란 표정을 나타내 보세요.

17일 차 엄마 때문에 체할 것 같아

내용 쏙쏙	1. ② 2. ① 3. (예시)
낱말 쏙쏙	(예시) 잔소리도 자꾸 하면 는다.
생활 쏙쏙	1. (예시) 형 2. ① 공부해라. ② 게임 좀 그만해라. ③ 골고루 먹어라.

내용 쏙쏙 도움말

1. (7번째 줄) 깨작거리고 있는 마루를 그냥 놔둘 엄마가 아니지요.
2. (4번째 줄) 잠을 못 잔 탓인지 밥알이 꺼끌꺼끌했어요.
3. 마루의 마음을 생각하며 잔소리를 들어 속상한 표정을 그려 보세요.

18일 차 길 잃은 강아지

내용 쏙쏙	1. ② 2. ① 3. "근처에서 축구장 봤니?"
낱말 쏙쏙	(예시)
생활 쏙쏙	17일 – 열(이레) 18일 – 열(여드레) 19일 – 열(아흐레)

내용 쏙쏙 도움말

1. (1번째 줄) 벌써 닷새째야.
2. (15번째 줄) "근처에서 축구장 봤니?"
3. (15번째 줄) "근처에서 축구장 봤니?"

19일 차 아빠가 왜 그랬는지 알겠어

내용 쏙쏙	1. ② 2. ③ 3. 신호 위반, 불법 주차, 과속에 V 표시
낱말 쏙쏙	(예시) 하민이는 복도에서 달리던 친구와 부딪혔다. 팁! **부딪히다 :** 내가 당하는 경우, 예상하지 못한 상황 **부딪치다 :** 내가 한 경우, 나의 의지로 생긴 상황
생활 쏙쏙	불통

내용 쏙쏙 도움말

1. (1~5번째 줄) "저기 쟤 놀란 거 안 보여요? 내가 깃발로 안 막았으면 당신 차에 치일 뻔했어." (중략) 아저씨 말대로 차에 부딪힐 뻔했다는 도영이는 다친 데 없이 멀쩡했어요.
2. (8번째 줄) 하민이는 부글부글 화가 났어요.
3. (13~14번째 줄) "안 그래도 공사 차량 때문에 위험한데, 불법 주차에, 신호 위반에, 과속까지!"

20일 차 감정 구슬

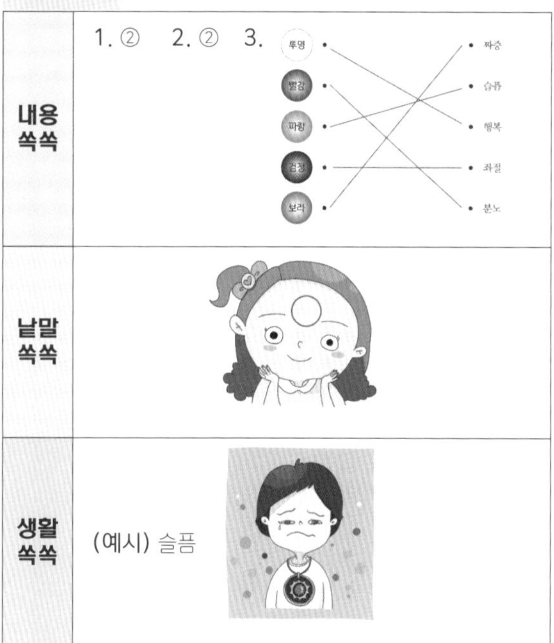

내용 쏙쏙	1. ② 2. ② 3. 투명 – 행복, 빨강 – 분노, 파랑 – 슬픔, 검정 – 좌절, 보라 – 짜증
낱말 쏙쏙	
생활 쏙쏙	(예시) 슬픔

내용 쏙쏙 도움말

1. (1번째 줄) 짝꿍이 이안이의 옷깃을 잡아당겼다.
2. (8번째 줄) 보랏빛이 슬쩍 새어 나오는 걸 보자 입안이 바짝 말라 갔다.
3. (12~13번째 줄) '행복 구슬'은 투명한 색, '분노 구슬'은 빨간색, '슬픔 구슬'은 파란색, '좌절 구슬'은 검정색, '짜증 구슬'은 보라색이다.

네 번째 복습 마당

(예시)

1. 개미가 작다. / 아기가 작다. / 옷이 작다. / 송사리가 작다.
2. 팔이 길다. / 머리카락이 길다. / 바지가 길다. / 기차가 길다.

① 곰곰이 ② 잔소리 ③ 눈곱 ④ 부딪히다 ⑤ 분노

[1]풀	이	죽	[1]다				[2]꺼
			람				끌
			쥐				꺼
[2]닷	새			[3]불	법		끌
				편			
	[4]미	간				[5]분	
	각					[5]노	랑

〈오늘의 이야기〉 수록 도서

일 차	오늘의 이야기	수록 도서명	지은이
1	내 짝궁 마귀할멈	김점분 스웩!	글_백혜영 그림_심윤정
2	래퍼 할머니	김점분 스웩!	글_백혜영 그림_심윤정
3	야, 빨리 물 내려!	똥꿈 삽니다	글_전은희 그림_조히
4	시들지 않은 화분	암행어사의 비밀 수첩	글_임민영 그림_박영
5	마음에도 맛이 있다면	막 시 쓰는 이빨 마녀	글_원유순 그림_소노수정
6	사물함 정리의 달인	암행어사의 비밀 수첩	글_임민영 그림_박영
7	무엇을 먹을까?	후회의 이불킥	글_백혜영 그림_이주희
8	나는 도둑이 아니야!	꿈 요원 이루	글_김경미 그림_김주경
9	레오의 기막힌 생각	레오의 완벽한 초등 생활	글_이수용 그림_정경아
10	나도 단짝이 있으면 좋겠어	우리는 비밀 사이다	글_윤정 그림_유준재
11	고양이를 구한 소년	초능력 사용법	글_김경미 그림_김준영
12	어떻게 알았어?	우리는 비밀 사이다	글_윤정 그림_유준재
13	얼마나 쓸모가 많은데요!	101가지 책 사용법	글_박선화 그림_김주경
14	장난으로 그랬어!	우정 계약서	글_원유순 그림_주미
15	베껴 쓴 반성문	반성문 쓰기의 달인을 찾아라!	글_전은숙 그림_김미연
16	찬우야, 나 어떡해	똥꿈 삽니다	글_전은희 그림_조히
17	엄마 때문에 체할 것 같아	잔소리카락을 뽑아라	글_김경미 그림_이주희
18	길 잃은 강아지	집으로 가는 길	글_김은아 그림_박재현
19	아빠가 왜 그랬는지 알겠어	녹색아버지가 떴다	글_홍민정 그림_김미연
20	감정 구슬	행복 도시	글_신은영 그림_심윤정

초등문해력교사연구회 집필진

김용세 | 초등학교에서 아이들과 다양한 프로젝트 학습을 하며 행복한 교실을 만들어 가고 있습니다. 한국교원대학교 초등국어교육 대학원을 수료하였고, 초등문해력교사연구회 및 교사동화창작회를 운영하고 있습니다. 전국학생 통계활용대회 심사위원 및 대구시교육청 문예창작 영재원 지도 강사, 세종시 영재원 지도 강사를 다년간 역임하였습니다.
『괜찮은 학교 사용 설명서』로 제25회 MBC 창작동화 대상 웹 동화 부문에 당선되었고, 지은 책으로는 『신기한 맛 도깨비 식당』 시리즈, 『어린이 수사대 넘버스』 시리즈, 『경태의 병아리』, 『12개의 황금열쇠』, 『수학빵』, 『갈릴레오 아저씨네 비밀 천문대』, 『브레인 서바이벌 미로 탈출』, 『교실에서 빛나는 나』, 『수학 소년, 보물을 찾아라!』 등이 있습니다.

구이지 | 초등 교사로서 즐겁게 소통하는 수업을 통해 아이들이 성장할 때 큰 기쁨을 느낍니다. 초등학교에서 어린이들과 생활하며 문해력과 어휘력이 모든 학습의 기초가 됨을 깨달아 재미있는 말놀이에 대해 연구하고 온책읽기 자료를 지속적으로 개발하였습니다.
초등문해력교사연구회, 세종동화창작교육연구회, 세종초등AI연구회에 참여 중이며 세계시민 시도 및 중앙 선도 교사, 세종시 영재원 지도 강사, 세종시 교육청 교실 수업 자료집 편찬 위원으로 활동하였습니다.
아이들이 글을 읽고 세상과 소통하는 데 도움이 되길 바라며 문해력, 어휘력 향상을 위한 교재를 만들었습니다.

정혜인 | 초등학교에서 다양한 프로젝트 수업을 하며 아이들을 가르치고 있습니다. 다년간 저학년 담임을 맡아 아이들과 생활하며 문해력과 어휘력이 모든 학습의 기초가 됨을 깨닫고 '독서 교육'과 '소리 내어 글 읽기'를 꾸준히 지도하는 중입니다.
초등문해력교사연구회, 세종동화창작교육연구회, 세계시민 시도 및 중앙 선도 교사, 영재원 지도 강사, 세종시 교육청 교실 수업 자료집 편찬 위원으로 활동하였습니다.
지금은 어린이를 위한 책을 직접 쓰고 있으며, 지은 책으로는 『춘기닷컴』이 있습니다.
아이들이 흥미를 가지고 자기 주도적으로 학습하길 바라며 문해력, 어휘력 향상을 위한 교재를 만들었습니다.